# Cómo **Florecer** el **Jardín** de tu **Mente**

**7 semillas para nutrir tu ser y lograr una vida mental más sana**

## Angélica Puello

Angélica Puello

Angélica Puello

Angélica Puello

Copyright © 2023 Angélica Puello

**Título: Cómo Florecer el Jardín de tu Mente**

**7 semillas para nutrir tu ser y lograr una vida mental más sana**

ISBN: 9798864237243

**Todos los derechos reservados**
Cualquier parte de este libro puede ser reproducida o almacenada en cualquier sistema electrónico, mecánico, de fotocopiado, de almacenamiento en memoria o cualquier otro, o transmitida de cualquier forma o por cualquier medio, solo con el permiso expreso del autor.

Angélica Puello

## AGRADECIMIENTOS

Hoy al finalizar la primera parte de este proceso, que es el de redactar mi libro, quiero agradecer primeramente a Dios porque es un proyecto que solo le pertenece a Él. Le doy gracias por utilizarme para entregarte este mensaje a ti mujer valiosa y hermosa, también por todas las bendiciones que han llegado a mi vida desde que inicié el presente camino y por todas las que me tiene guardadas, porque Él me ha dado esa promesa y yo la atesoro en lo profundo de mi corazón con mucho amor, esperanza y gratitud.

También quiero agradecer y le dedico este libro principalmente a mis hijos, Julieta y Alejandro, ellos son mi fuente de inspiración, mi motor, mi mayor alegría y mi más grande tesoro. Igualmente, a mi amado esposo Néstor Fernández, porque él ha sido mi apoyo incondicional, mi impulso y mi combustible para arrancar este camino; sin él y sin su apoyo no hubiera sido posible.

A mis dos mamás, Silvia Ruiz y Libia Hernández, ellas que me han inspirado toda la vida, ellas que me han regalado su amor incondicional siempre, y durante todo este proceso me han apoyado con palabras de aliento y de amor, y han

Angélica Puello

orado por mí incansablemente, muy a pesar de lo que están viviendo en estos momentos.

A mi hermana Sandra, mi ejemplo de vida y de toda la vida, esa mujer sabia que siempre me ha apoyado y me ha guiado con mucho amor. A mis sobrinos Alejandra y Máximo, ellos igualmente son mi fuente de inspiración. A mi cuñado Abelardo, quien ha sido nuestro apoyo incondicional en todo tiempo. A mi papá Rafael, quien con su vida me ha dejado una lección a pesar de que lo conocí a mis 31 años.

A mi primo Daniel, quien me estuvo apoyando con sus consejos, con sus palabras sabias que me reconfortaban cada día. A mi suegra Julia, porque ella me respaldó durante este proceso con su oración y compartiéndome citas bíblicas para cada capítulo.

Agradezco a toda mi familia por ser fuente de inspiración para mi vida y para este libro, por apoyarme en todo este proceso con un mensaje, compartiendo la portada de mi libro y con sus oraciones.

También agradezco a todos esos amigos que me han acompañado con su amor y con su motivación, entre ellos: Zulay, Kelly, Angélica, Karen, Stephanie, Deydamia, Yorleidys,

Angélica Puello

Vincent, Dubis, Kimberly, Sandra, Gehovell y María Teresa. Los menciono a ellos porque han sido pieza clave para el desarrollo de este libro con su apoyo incondicional, con sus historias y porque estuvieron ahí dispuestos a escucharme cuando los necesitaba. Sé que hay otros amigos que me han ayudado, a ellos también les doy mis más profundos agradecimientos.

También agradezco a la Escuela de Autores, en especial al profesor Carlos Aparcedo por guiarme en este proceso, por aclarar mi mente, por darme el enfoque correcto para poder llevar a feliz término este proyecto.

Y te agradezco a ti, mi amada lectora, por apoyarme adquiriendo este libro y leerlo hasta el final, estoy profundamente agradecida por tu apoyo, por existir y por ser parte de mi tribu de mujeres florecidas.

Angélica Puello

# ÍNDICE

INTRODUCCIÓN ............................................................. 11
1 SEMILLA DE LA CONCIENCIA ....................................... 17
    Silenciando el miedo ................................................ 38
    Hoy abriste los ojos de tu mente ............................... 39
2 SEMILLA DEL PERDÓN ................................................ 43
    Rescatando tu niño perdido ...................................... 63
    El corazón se hizo cenizas ........................................ 65
3 SEMILLA DE AMOR PROPIO ....................................... 69
    Mujer eres poderosa ............................................... 113
    ¡Esto eres tú Mujer! ................................................ 115
4 SEMILLA DE VALENTÍA .............................................. 119
    Y esta es tu esencia ................................................ 165
    Soñando en mis noches insomnes ........................... 166
    Un día frío de invierno ............................................ 167
    Transforma tu amistad ........................................... 170
5 SEMILLA DE LOS SUEÑOS ......................................... 173
    Despertando tu yo soñador .................................... 210
6 SEMILLA DE LA ESPIRITUALIDAD ............................. 213
    Solo Dios sana un corazón herido ........................... 238
7 SEMILLA DE LA GRATITUD ....................................... 243
    Regalar luz o regalar oscuridad ............................... 260
    Somos iguales, pero diferentes desde el interior ...... 263
BIBLIOGRAFÍA ............................................................. 266

Angélica Puello

Angélica Puello

## INTRODUCCIÓN

*"Decía, además: Así es el reino de Dios, como cuando un hombre echa semilla en la tierra; y duerme y se levanta, de noche y de día, y la semilla brota y crece sin que él sepa cómo. Porque de suyo lleva fruto la tierra, primero hierba, luego espiga, después grano lleno en la espiga; y cuando el fruto está maduro, en seguida se mete la hoz, porque la siega ha llegado."*

*Marcos 4:26-29 (RV60).*

Esta promesa que acabas de leer la recibí el 20 de marzo del año 2020, y se llama: *"La semilla que crece y da fruto"*. Cuando la leí no entendí mucho qué quería decirme Dios; sin embargo, la resalté en mi Biblia y registré la fecha. Luego sucedieron muchas cosas en mi vida, de las cuales te relato en este libro; llegaron bendiciones, pero también pruebas, y lo más importante, vino la sequía mental y espiritual; me estaba hundiendo, me estaba secando en mi interior, aunque por fuera me viera feliz.

Comencé a enfrentar esa batalla espiritual y existencial que en realidad veía perdida, no encontraba salida y mucho menos lograba ver algo de luz, pero como los planes de Dios son perfectos, hoy que estoy escribiendo este libro para ti logro ver con claridad que todo lo que me sucedió hacia parte de Sus planes y que Él me estaba preparando para este momento de vida que yo lo he llamado: una vida florecida.

En octubre de 2022 migré a Estados Unidos con mi familia, y por cosas de la vida dejé mi Biblia en Colombia, así que en realidad no recordaba esta promesa. En enero de 2023 decidí iniciar este nuevo proceso llamado florecer, decidí renacer desde mi interior, transformarme en una nueva Angélica, decidí construir esa nueva versión mía que ahora amo con locura y pasión.

En abril, cuando ya me sentía florecida y estaba en el proceso de la escritura de este libro, le pedí a mi hermana Sandra mandarme una Biblia con mi tía Martha, quien se encontraba en Colombia y en esos días regresaba a los Estados Unidos. Cuando la recibí y empecé a hojearla, encontré casi que de inmediato esa promesa que había resaltado en la fecha mencionada anteriormente.

Quedé impactada y sorprendida, fue ahí cuando todo empezó a encajar y le di gracias a Dios por tanto amor y tanta bondad hacia mí. Dios, en el año 2020, ya me estaba hablando de una cosecha, de unos frutos que llegarían a mi vida y es lo

Angélica Puello

que estoy viviendo ahora. En esa fecha ya mi libro tenía nombre. Entonces fue cuando entendí que todo era un plan perfecto de Dios, porque en esta promesa Él me hablaba de una semilla que da frutos y mi libro te está regalando siete semillas para que las siembres en tu corazón, en tu mente y en todo tu ser, y así empieces a florecer.

Por eso hoy me siento con más convicción de que Dios fue quien me regaló este libro, es Él quien me ha regalado todos los proyectos en los que estoy trabajando actualmente, porque ya Él me venía preparando, ya Él me lo había anunciado, pero en ese tiempo yo aún no tenía ese discernimiento para lograr verlo y entenderlo.

Tú también vas a empezar hoy ese camino para florecer, aprópiate de esta promesa que en este día Dios te regala por medio de mi libro. Lee estas páginas con amor, y con el corazón y la mente abiertos y dispuestos, te llevarán a recorrer tu mundo interno y te permitirán reconocerte tal cual, y cómo eres, sanar esas heridas que aún te duelen, que quizás quieras esconder e ignorar por temor a no soportar el dolor. Estas líneas te llevarán a identificar esos miedos que te paralizan y a enfrentarlos, a bajarles la voz para que la voz de tu corazón y de tu mente se escuchen mucho más fuerte.

Angélica Puello

En este proceso vas a reencontrarte con tu niña interior, quien te va a ayudar a continuar este camino con paz y esperanza. Vas a perdonarte a ti misma y a esas personas que te han herido; vas a encontrar ese amor propio que has perdido por la rutina que llevas, por tus miedos; te vas a amar, a valorar y honrar con amor puro y fuerte; te vas a amar desde tu interior, desde tu corazón, desde tu espíritu; vas a sanar esas relaciones que están rotas o heridas; vas a valorar mucho más tu familia, tus amistades, porque vas a reconocer que para florecer se requiere convivir en paz y armonía con nuestro entorno.

También vas a discernir cuando es mejor alejarse, cuando es mejor decir adiós, porque con todo ese amor propio que tendrás, te vas a dar ese lugar que te corresponde, reconociendo a Dios como el primero en tu vida y luego ubicándote tú. No vas a permitir que nada ni nadie te haga sentir menos o te invalide. Vas a soñar nuevamente, te vas a dar la oportunidad de recuperar esos sueños perdidos, esas metas que algún día deseabas alcanzar, pero que las veías imposibles y las hiciste a un lado.

Vas a encontrar esa espiritualidad, vas a reconocer ese amor puro que solo viene de Dios, vas a entender y

Angélica Puello

experimentar cuánto te ama Dios, porque Dios es extravagante en su amor contigo. Y al final vas a lograr vivir en gratitud, vivir en propósito y desde el amor, vas a sentirte tan florecida que vas a querer esparcir estas semillas e iluminar con tu luz a otras mujeres.

Este libro me ha llenado de amor, de orgullo, de alegrías. Mientras lo escribía, Dios me hablaba y me fue mostrando tantas cosas maravillosas, y me afirmaba que este era el camino correcto. Por eso hoy, con todo mi amor, con toda mi pasión y con toda mi energía, te invito a iniciar este viaje por tu mundo interno y que te deleites por medio de mis letras de esa vida extraordinaria y maravillosa que te pertenece, pero que quizás tú misma no te has permitido aceptar y contemplar.

*¡Que tengas un feliz viaje en este nuevo camino para florecer!*

Angélica Puello

Angélica Puello

# 1 SEMILLA DE LA CONCIENCIA

*Silencia los miedos que hay en tu mente y empieza a viajar por el maravilloso mundo de tu imaginación. Que las ganas de arriesgarte y de avanzar sean más fuertes y que retumben en todo tu ser.*

Este pensamiento que acabas de leer lo escribí unos de esos días, cuando por mi mente pasaban miles de ideas y preguntas a una velocidad inimaginable, como ráfagas de viento arrasando con todo lo que habitaba en ella. En ese tiempo empecé a hacer un recorrido por toda mi vida, desde mi infancia, y vi cuantos miedos fui alimentando y cómo les fui dando ese poder de gobernarme, al punto de negarme a vivir ciertas experiencias solo por el terror de que su resultado fuera negativo o dañino para mí.

Esta frase ya fue casi que el final de esos pensamientos y se convirtió en una de mis promesas personales. Una de esas promesas que me iban a permitir iniciar ese camino de una nueva mujer, una mujer decidida, una mujer con sueños, una mujer de pisada firme, una mujer con pensamientos positivos, una mujer con ganas de conocer el mundo, de vivir nuevas experiencias y de adquirir nuevos conocimientos; una mujer florecida.

Ahora, quiero empezar preguntándote: ¿qué semillas estás sembrando en el jardín de tu mente? Comienzo con esta pregunta para qué desde ya te subas en este recorrido conmigo, que te cuestiones, revises tu vida por completo y así puedas descubrir dónde empezaste a secar o marchitar tu mente.

En mis análisis internos, relaciono la mente con un jardín, porque, así como las flores o las plantas necesitan luz solar, agua, nutrientes del suelo y por supuesto amor y un entorno adecuado para crecer, florecer lo más lindas posible y durar más tiempo, nuestra mente también requiere de esos cuidados, que le regalemos luz, agua, nutrientes, amor y un entorno agradable cada día.

Con el pasar de los años fui alimentando mi mente con pensamientos negativos, de miedos, me repetía a cada instante que no podía hacer ciertas cosas, que no contaba con suerte en la vida y me reprochaba por casi todo lo que me pasaba. Eso fue marchitando mi mente y cuando la mente se seca es necesario empezar de cero, se deben sembrar semillas que le permitan adquirir vida nuevamente. Claro, esas semillas necesitan de amor, de cuidado, de un trabajo diario para que puedan crecer, no es fácil, no es un trabajo de la noche a la mañana, pero no es imposible.

Si yo, que ya me encontraba en la sequía más intensa, en la oscuridad, logré encontrar esa luz y regalarme esas nuevas flores y, por lo tanto, esa nueva vida a mi mente, tú también lo puedes lograr. Puedes florecer desde donde estás plantada, a pesar de las circunstancias, y eso no significa sobrevivir, significa *prosperar y florecer*; lo que si te digo hoy es que es hermoso. Te vas a empezar a sentir plena, te vas a amar, te vas a consentir y te vas a descubrir.

Este es un camino que nunca termina, pero que cada día te enseña cosas nuevas, y te regala esas ganas de continuar, de avanzar, de no dar un paso atrás y de no volver a perderte ni a estancarte, quieres seguir viendo flores, crecer y adornar tu mente, tu alma, tu corazón y tu vida entera, porque eres hija amada de Dios, y Dios es extravagante en su amor por ti. Él te ha dado todo lo que necesitas.

Yo vengo de un hogar donde vivía con mi mamá Silvia, mi hermana mayor Sandra, tres tías: Libia, Virginia y Martha, un tío Germán que era soltero y tres primos: Leydi, Judith y Daniel. No crecimos con la presencia paterna, nuestras madres ejercían el papel de papá y mamá, y ellas trabajaban arduamente para que no nos faltará nada, nos cuidaba nuestra tía Libia, que es soltera y es nuestra segunda madre, quien nos brindó todo el amor, todo el cuidado y también las correcciones que eran necesarias durante nuestra etapa de niñez y adolescencia.

Mi mamá Silvia se entregó por completo al cuidado de mi hermana Sandra y de mí, solo trabajaba y atendía el hogar, no tuvo aventuras, nunca se escapó a solas, para ella su mundo solo éramos nosotras. Recuerdo de mi infancia que mi prima Leydi y yo éramos a quienes más cuidaban en la calle del barrio. Mientras jugábamos no podíamos pasar de la esquina mientras a los demás niños los dejaban ir a la otra calle y entonces a nosotras nos tocaba esperar a que ellos regresaran. Así era en muchos aspectos de nuestra vida; mi madre Silvia toda la vida ha tenido muchos temores, ella prefiere limitarse en muchas cosas antes que correr riesgos y así fui creciendo yo.

Mientras los demás niños jugaban a subirse a un árbol o al tejado de una casa, yo prefería quedarme abajo observando, por el miedo a las alturas no me unía a ellos. Este es un pequeño ejemplo de cómo fui alimentando mi mente de miedos y límites. Ya más joven soñaba con tener una moto, me imaginaba viajando por las calles de mi ciudad con mi moto y mi casco puesto. Cuando se lo dije a mi mamá Silvia me respondió un rotundo "no", aseguró que si me compraba una moto inmediatamente compraría el cajón funerario porque fijo moriría accidentada. Aunque yo le decía que no me iba a pasar nada y que se dejara de cuentos, sus palabras se fueron quedando grabadas en mi mente y al final mi obsesión por las motos desapareció.

Así que ya ahora como adulta no gusto mucho de las motos y más porque en mi ciudad natal Cartagena este es un medio de transporte ilegal, ha ocasionado innumerables accidentes y muertes, y también las utilizan para realizar atracos; este es el diario vivir de ese lugar.

Yo de niña y de joven no siempre fui así de temerosa, también fui arriesgada en muchas ocasiones, quería conocer o explorar cosas nuevas. Creo que los seres humanos nacemos con ese espíritu curioso insertado en nuestro ser, pero al ir creciendo y al ir viviendo en la rutina y en la cotidianidad, ese espíritu se va apagando lentamente y la mente va transmitiendo otras sensaciones, va creando ese vocabulario del "no puedo", "no soy capaz", "no es necesario", "mejor quédate donde estás, evítate un mal rato". Todas esas palabras

Angélica Puello

no las repetimos una y otra vez, hasta creerlas, hasta convencernos de que esa es la realidad absoluta de la vida.

Eso fue lo que yo fui alimentando en mi mente. Tal vez al ver a mi madre Silvia limitarse en tantas cosas, querer siempre quedarse con lo conocido y seguro, transmitirme esos temores de que me ocurriera algo malo o que eso o aquello no estaba bien, yo fui imitando esas conductas.

Quiero aclarar que no estoy culpando a mi madre, la verdad jamás lo he hecho, ella solo quería protegerme, quería el bien para mí y lo veo así. Ella tuvo que desempeñar el papel de papá y mamá y eso no fue fácil, la mayor parte del tiempo se tenía que olvidar del rol de mamá para actuar como ese papá que corrige, que endereza el camino, que pone las reglas, porque ella quería el bien para sus hijas; ese era su objetivo y no iba a descansar hasta cumplirlo. Por eso yo valoro mucho a mi madre y la respeto, nunca la culparía por nada en mi vida, ella trabajó hasta el cansancio por brindarme una vida donde no me faltara nada, una vida segura, ella siempre ha velado por mi seguridad, integridad y felicidad.

Así como soñaba con tener una moto, siempre me visualicé con tener y manejar mi propio auto, y llegó ese día cuando mi esposo Néstor y yo adquirimos nuestro primer automóvil. Enseguida inicié mi curso de conducción porque estaba decidida a manejar como lo había soñado; lo realicé, pero con temores, y me decía a mí misma que no podía. A pesar de ello adquirí mi licencia, pero nada, no me atrevía a manejar sola.

Mi esposo me seguía dando clases, y cada vez que yo me sentaba frente al volante era con miedos, algo dentro de mí me decía que yo no podía, que no había nacido para esto y al final terminaba en discusión con mi esposo porque él perdía la paciencia y yo dejaba el carro abandonado.

Para no demostrar mi verdadero temor repetía que a mí no me gustaba manejar, que había nacido para ser copiloto y que me llevaran a mi destino, tanto así que los días que me quería llevar el carro para el trabajo, mi mejor amiga Kelly llegaba a la casa y ella manejaba conmigo en el asiento de al lado. Así pasaron los años y mi miedo al volante y a las carreteras fue en aumento hasta que decidí no intentarlo más; yo prefería pedir un Uber a tomar las llaves del carro y manejar.

Han pasado diez años de la compra de nuestro primer carro y ahora vivo en otro país donde obligatoriamente debo conducir y un episodio evidenció mi miedo. Mi tía Martha me obligó a manejar, ya ella estaba sentada en el puesto de copiloto y mis dos hijos en los asientos traseros. Ella me dijo: "vas a manejar tú". Yo quedé paralizada y solo le decía: "no tía, yo no puedo, no, yo no me voy a subir ahí". Así permanecí por unos quince minutos con mi pataleta de niña chiquita, casi con la lágrima afuera, las manos me sudaban y todo me temblaba; yo solo repetía: "no puedo, no puedo".

Mi tía Martha fue más insistente que yo, nunca se bajó del carro y a mí me tocó sentarme frente al volante, casi llorando, con el corazón a mil. El carro se me iba para un lado y para el otro, no tenía control, solo manejé unas cuatro cuadras porque mi tía ya empezó a asustarse y ella muy linda me dijo: "bueno, frena aquí, ya adelantaste bastante, ahora sigo yo", pero por dentro lo hizo por miedo a que nos accidentáramos, después me lo confesó.

De pronto te parezca ridículo o increíble que yo actuara de esa manera, porque tal vez tú sabes manejar a la perfección, pero quiero aprovechar la anécdota para decirte que el poder de la mente es impresionante; lo que para ti se puede ver fácil, para una persona con la mente llena de miedos e inseguridades puede ser lo más difícil del mundo, lo más aterrador, como lanzarse de un edificio de veinte pisos sin

Angélica Puello

paracaídas. Así me sentía yo, y así de fuerte me estaba jugando mi mente, mis límites mentales me estaban haciendo daño.

La mente es poderosa, pero trabaja dependiendo de lo que se alimente y del poder que le vayas dando a cada pensamiento, a cada palabra que te dice tu voz interior. Si constantemente le dices: "no puedo", "no soy capaz", ella ante cualquier situación te pondrá freno y no te permitirá dar ese paso, pero si tú te repites: "si puedo", "soy capaz", "soy una mujer capaz y suficiente", la mente te lo va a recordar y te va a permitir dar ese primer paso, te va a dejar avanzar. Esto es válido para todo en la vida. No sé cuáles son tus límites, qué te repites a diario que no puedes hacer, que no eres capaz o tal vez no mereces, pero te invito a que lo empieces a analizar y trabajes en ello.

Después de ese episodio tan bochornoso empecé a analizarme, a revisarme internamente y a recordar las palabras de mi tía y de mi esposo, en cuanto a que, en esta ciudad, si no manejaba, no podría moverme libremente, no podría crecer y tendría que depender de alguien para realizar mis tareas; entonces comencé a trabajar en ese miedo.

Te digo que no ha sido fácil, porque ese miedo había crecido por más de diez años y se fortaleció, así que era un monstruo habitando en mi cabeza. Pero me lo prometí, lo escribí, y empecé repitiéndome constantemente: "yo puedo manejar", "todo está en mi mente", "yo lo puedo hacer", "soy una mujer fuerte", "soy una mujer que puede lograr muchas cosas, una mujer más poderosa que ese monstruo".

Un día le dije a mi esposo: "hoy manejo yo". Obviamente, ese día no fue el mejor, y me da risa recordarlo, terminé super estresada, con dolor en el cuello, pero me felicité porque me atreví a dar ese primer paso. Así fui dando los siguientes pasos, ya la tensión en el cuello era más leve, frenaba mejor y paso a paso fui logrando mi objetivo.

Cada vez que me siento al volante me repito en mi interior: "yo puedo", "yo soy capaz", "esto no me va a quedar grande", y así he ido logrando derrotar ese monstruo. Mi esposo ha quedado sorprendido porque si él me corrige no le respondo con groserías ni le hago mala cara, solo escucho y continuo; un día le confesé que venía trabajando mi mente desde hacía tiempo y por eso estaba actuando así.

Cuando tú tomas la decisión con convicción, escribes tu promesa, trabajas tu mente y haces la tarea, las cosas se van dando solas, los demás lo notan sin necesidad que lo expreses con palabras. Cada día te vas sintiendo un poco más segura,

Angélica Puello

más confiada, con fuerza y con valentía, y tu mente va cambiando esos "no puedo" por unos "sí puedo". Así nace la primera flor en la mente, ya empieza a ganar la vida sobre la muerte, la luz sobre la oscuridad, con el primer paso, con el primer triunfo, con el primer monstruo derrotado.

Nunca había escuchado hablar del síndrome del impostor hasta que un día en un curso de coaching lo mencionaron y lo explicaron, y caí en cuenta de que yo había convivido con él por muchos años. En palabras sencillas, quienes sufren el síndrome del impostor tienen la sensación de no estar a la altura, de no ser lo suficientemente buenos, competentes o capaces. En muchos aspectos de mi vida me sentía así, aun cuando los demás veían en talento en mí, inteligencia, carisma y pasión por lo que hacía.

Volviendo a mi infancia y juventud, este síndrome pudo engendrarse desde esas épocas porque en mi casa siempre fui la rebelde para los estudios. Mientras que mi hermana Sandra y mis primos eran juiciosos con sus responsabilidades escolares, para mí era un sacrificio; por ejemplo, si en matemáticas no entendía, le pedía el favor a Sandra que me ayudara y ella, como buena hermana mayor, me explicaba, pero me exigía resolverlo sola, lo cual no me gustaba y terminaba llorando, con ira y sin ganas de continuar.

Otro detalle que pudo ir alimentando el síndrome del impostor en mí fue que casi todos mis primos y mi hermana lograron pasar en la universidad pública, la Universidad de Cartagena, lo cual era un prestigio y un orgullo para la familia, pero yo no lo logré, me presenté tres veces y no pasé. Eso fue creando frustración en mí.

Al final terminé mi carrera en una universidad privada, y con un trabajo seguro desde que estaba estudiando. Porque eso sí, desde joven me gustaba trabajar y empecé a hacerlo a partir de los diecisiete años sin que tuviera la necesidad, solo porque me gustaba, porque quería ser independiente; así que mientras estudiaba mi carrera ya la estaba ejerciendo y creciendo en ella. Pero regresando a mi título universitario, nunca le di importancia porque no había sido graduada de la Universidad de Cartagena; para mí no valía la pena ese mérito.

Recalco que esas ideas solo estaban en mi mente porque mi mamá Silvia nunca me reprochó nada, ella con todo su amor siempre me apoyó para estudiar lo que yo quisiera y donde quisiera, pero yo era la que menos apreciaba ese logro mío. Tanto así que después del grado le dije a mi mamá que ese diploma no lo colgara en la pared como el de mi hermana, que lo guardara debajo del colchón porque para mí no valía nada.

En mi trabajo siempre me fue superbién, aprendía rápido y fui escalando vertiginosamente. Empecé como practicante, al terminar me quedé trabajando en esa empresa como asistente, a menos del año me ascendieron a ejecutiva de cuentas y luego a jefa. Recuerdo que inicié ese trabajo con mucho entusiasmo, me proyectaba como una mujer exitosa; mi primer día de prácticas fui vestida como toda una ejecutiva, nunca se me va a olvidar que me puse todo nuevo, de pies a cabeza, impecable; yo creo que a mis jefes de ese entonces les gustó eso de mí, como me proyectaba, mi actitud.

Después de tres años decidí cambiarme de empresa, y a ese nuevo empleo ingresé también con una gran actitud, con ganas de aprender y de realizar cambios. Así fue, entré para reemplazar a alguien en sus vacaciones, pero en menos de dos meses ya me habían asignado clientes fijos y ahí fui creciendo.

Pero en el último cargo, donde permanecí por diez años, me pasaron muchas cosas. El síndrome del impostor se apoderó de mí, dejé de ver mi talento, sentía que mi trabajo no era valioso, me quedé estancada, se me apagaron las ganas de crecer, de aprender, de avanzar, llegué a un punto que trabajaba mecánicamente, no tenía visión, solo me dejaba llevar por el día a día.

Todo eso estaba en mi interior, porque ante los demás yo demostraba seguridad, alegría, liderazgo, apertura a los cambios; pero por dentro estaba dejando de creer en mí. Fueron muchas las circunstancias que alimentaron ese síndrome del impostor; los últimos años en esa empresa fueron los que terminaron de marchitar mi mente y hasta ahora lo pude detectar. Me dejé llevar de lo negativo, de lo feo, de las comparaciones, de las críticas y del juzgar a los demás, y así como criticaba a mis demás compañeros, igual o peor, yo misma me juzgaba, me criticaba y me cuestionaba en mi interior.

El daño que le hice a mi mente fue enorme, duré dos años con deseos de irme de esa empresa, pero no me salía nada y eso era más frustrante. Me presenté en vacantes internas y externas, pero no era seleccionada; claro, como iba a serlo, si por dentro no creía en mí, si solo me decía que no merecía ese puesto, que no iba a ser capaz, que no tenía tanta suerte para obtenerlo. Eso era lo que pasaba, con mi mente y mis pensamientos negativos atraía solo lo negativo, atraía solo esos "no cumpliste con las expectativas", "no continuas con el proceso".

Aunque yo tenía todo el conocimiento y toda la experiencia, no mostraba seguridad en mí misma. Eso lo descubrí fue ahora, después de haberme retirado de ese campo laboral, pero en ese momento no lo veía, en ese entonces solo culpaba a los demás, me llené de muchos resentimientos y también de gran frustración.

Unos meses antes de renunciar, en una reunión de indicadores después de mi intervención, una compañera se me acercó y me dijo que le encantaba como me expresaba, que había intervenido muy bien y se notaba que dominaba el tema. Yo solo le agradecí, pero por dentro pensaba que me estaba regalando esos elogios porque creía que lo hacía con temores, mi forma de expresarme era mala y me sentía inferior a mis compañeros. Ya en ese punto estaba grave porque yo no era capaz de ver mis capacidades.

Al final de cada una de esas reuniones recibía elogios y felicitaciones, pero mi mente solo me daba látigo y me decía que todo estaba mal. Al fin decidí renunciar a mi trabajo, lo hice primero porque sentía que mi ciclo había terminado, no podía seguir haciéndome más daño en ese lugar y mi salud

Angélica Puello

mental estaba sufriendo demasiado, adicionalmente, porque tenía planes de irme del país con mi familia.

En ese entonces nadie en la oficina sabía la realidad de mi renuncia, solo mi mejor amiga Kelly, que es mi comadre, y mi compañera Virginia. En fin, esa noticia fue una bomba, nadie lo creía, cómo así que yo me iba. Uno de mis jefes me dijo: "si estás en tu mejor momento, por qué te vas", y volvió mi mente a inquietarme: "si él supiera como estás por dentro, no te diría eso".

Después de pasar la carta de renuncia, mis demás jefes, compañeros y clientes solo hablaban maravillas de mí, que era una gran profesional, que con tanta experiencia y tanto conocimiento cómo me iba a ir, cómo los iba a abandonar. Fueron palabras y reconocimientos muy bonitos, y entonces pude ver todo lo que había construido con mi trabajo, todo lo que estaba dejando, todo lo que había logrado; ser consciente de que no era tan mala como me creía, que no era tan poca cosa como me consideraba.

Dejé una imagen de mí muy buena y una vara muy alta; puedo decir con orgullo que salí por la puerta grande y con un poco de orgullo por lo que había aportado. En todo caso, estaba segura de que lo mejor para mí era irme, necesitaba un respiro, mi mente necesitaba aire, necesitaba luz, necesitaba agua para poder renacer, para poder florecer.

Fue así como pude ver que el síndrome del impostor me estuvo castigando todo ese tiempo, me hizo un daño muy grande, me cerró muchas puertas, y tampoco me permitió disfrutar más mis triunfos y logros, porque no me dejaba ver con claridad. Este punto ha sido difícil superarlo, pero gracias al trabajo que he empezado, y a la ayuda de mi esposo, he podido ir derrotando ese síndrome.

Mi esposo Néstor me repite: "es que tú te tratas mal, no crees en ti, no crees en tu potencial, no crees en tu talento". Es más, hoy estoy escribiendo este libro gracias a él, porque fue quien me impulsó a dar este paso, a confiar en mi talento. En la próxima semilla te contaré de dónde salió esta pasión por escribir, pero ha sido gracias a las palabras de apoyo de mi esposo que he podido ir superando esas dudas que se apoderaban de mí.

Hoy puedo ver con claridad mis talentos y capacidades, he revivido esas ganas de crecer, de triunfar con un enfoque distinto en mi vida, en un mundo completamente diferente al que estuve ejerciendo como profesional, pero es el que me gusta y el que me apasiona. Este mundo apenas lo estoy conociendo, estoy incursionando en él y sé que me tiene muchas sorpresas preparadas, muchas puertas por abrir, muchas personas por conocer y tengo mucho que aportarle por medio de mis letras.

Te invito a analizar tu vida, tal vez estás sufriendo el síndrome del impostor y no lo sabes, lo tienes ahí contigo y has permitido que se quede, le has dado todo el espacio y toda la comodidad para que viva con todos los lujos en tu mente. Ya es hora de sacudirlo, de reducirle el espacio paso a paso hasta que lo elimines por completo, es tiempo de derrotarlo.

Estos análisis los hice cuando empecé a trabajar mi mente para encontrar desde dónde se habían originado tantos miedos, tantas inseguridades, por qué a veces me costaba tomar una decisión y por qué me limitaba tanto para avanzar.

Te cuento que todo lo he llevado por escrito. Decidí un día escribir mis miedos, reconocerlos y también plasmar las promesas que me iba haciendo, las cuales estoy acompañando con oración para que Dios sea mi guía y fortaleza, y sea Él quien me dé ese empujoncito el día que me quiera rendir. Así fue como comencé a registrar todos esos pensamientos y a trabajar para escribir mi libro.

Angélica Puello

Un día mi mente me quería jugar sucio, me decía que no continuara, como lo ha hecho en otras ocasiones, que no iba a obtener ningún resultado, entonces que mejor desertara desde ya, pero ese mismo día mi amiga Zulay me escribió para contarme de los cambios que quería hacer en su vida, que le urgía una transformación, y ahí en la conversación pude abrir mi corazón y le conté mis planes. Ella fue la primera persona que se enteró de que iba a escribir mi libro, y fue quien me dio ese primer ánimo, aparte de mi esposo, para continuar con mi proyecto.

Yo digo que Dios la utilizó como instrumento para hablarme ese día, para decirme: "no te des por vencida, continúa, tú puedes, vamos a seguir adelante", y ha sido esa amiga la que me ha ido apoyando durante todo este camino. Yo le envío lo que escribo y ella con todo el amor lo lee y me da sus comentarios. Ha sido una gran bendición para mi vida.

Dios juega un papel importante en nuestras vidas, en nuestros proyectos y planes y es por eso que no puedo obviar decirte que empieces este camino de florecer agarrada de Su mano. Pero espera, más adelante te regalaré una semilla exclusiva de espiritualidad.

Angélica Puello

Esta primera semilla te ha permitido tomar consciencia del poder de tu mente, y es la primera porque es la base de todo. Si tú conoces tu mente, tus miedos, inseguridades, si conoces de dónde provienen tus dudas y tus comportamientos, vas a poder empezar a trabajar en este bello proyecto de florecer el jardín de tu mente, porque esta semilla contiene la base, trae consigo el abono, el agua y la luz para que pueda germinar y nacer esa flor en tu mente.

Te recomiendo que anotes todo. Adquiere un cuaderno solo para llevar este recorrido, para que no se te escape nada, para que escribas tus promesas, para que escribas tus pensamientos. Al principio será difícil, vas a llorar, te va a costar reconocer tantas cosas de ti, pero todo eso te va a servir para sanar, para labrar tu mente, para sembrar esa semilla que va a ir creciendo y le va a empezar a dar vida y sentido a tu pensamiento. Si lo haces, tenlo por seguro que vas a encontrar ese botón que tenías perdido, que lo habías desactivado un día, pero que desde hoy va a permanecer encendido para siempre.

Angélica Puello

## *A continuación, te relaciono algunas preguntas que puedes empezar a formularte:*

*¿Cuáles son esos miedos que adquiriste desde la infancia?*

*¿Cómo te ves desde tu interior?*

*¿Cuáles son esas semillas que estás sembrando en tu mente?*

*¿Cuáles son tus límites mentales y tus barreras?*

*¿Cuáles son esos NO que vas a transformar en SÍ desde hoy?*

*¿Cómo te está representando el síndrome del impostor?*

*¿Qué es lo que quieres hacer, pero tus miedos no te han permitido dar el paso?*

*¿Cuáles son tus primeras promesas de vida?*

*"No temas, porque yo estoy contigo; no desmayes, porque yo soy tu Dios que te esfuerzo; siempre te ayudaré, siempre te sustentaré con la diestra de mi justicia."*

***Isaías 41:10 (RV60).***

Angélica Puello

*"La paz os dejo, mi paz os doy; yo no os la doy como el mundo la da. No se turbe vuestro corazón, ni tenga miedo."*

*Juan 14:27 (RV60).*

---

*De mi cuaderno de promesas para ti:*

---

## Silenciando el miedo

Por muchos años el miedo se ha apoderado de ti, el miedo ha decidido por ti en demasiadas ocasiones, te ha gritado: "no eres capaz", "no lo hagas", "¿por qué te quieres arriesgar? Mira todo lo que puedes perder", "tú no eres fuerte para poder emprender este camino, te puedes lastimar, mejor quédate en tu lugar seguro y conocido". Y tú lo has escuchado, le has obedecido juiciosamente.

Pero por fin ha llegado ese día, ese instante que tanto has anhelado, decidiste no escucharlo, decidiste no darle más poder sobre tu vida y tus decisiones. Ha llegado la oportunidad de arriesgarte, de lanzarte hacia lo desconocido. Has hecho un alto en el camino y te has repetido: "quiero intentarlo, quiero emprender un nuevo camino, cambiar el rumbo de mi vida, buscar la verdadera felicidad, explorar nuevas oportunidades, trabajar por mis sueños, por mis ideales. Quiero sentirme viva y plena, no quiero seguir atada por la culpa del miedo, quiero volar por mi imaginación, descubrir todas las maravillas que hay en ella".

Empiezas a dar ese primer paso, este es el más importante, despegar y no retroceder, no mirar atrás ni para lamentarse ni para regresar, descubrir en este nuevo viaje tu mejor versión. Encontrarás personas que te apoyen, que te guíen, que te den ánimos, una palabra de aliento, que te brindarán la mano para que puedas avanzar, para que no te permitas dudar. Lo mejor es que ese camino no tiene fin, es un mundo inagotable y lleno de miles de emociones, nunca te arrepentirás de haberlo iniciado, lo disfrutarás hasta el último día de tu maravillosa vida.

## Hoy abriste los ojos de tu mente

¿Por qué te cuesta tanto creer en ti?, ¿por qué consideras imposible que te pasen cosas buenas y extraordinarias? Todos estos años has considerado que eres una persona con muchas limitaciones: no se te dan las artes, no tienes coordinación, no puedes crear un plato de comida diferente, no puedes manejar un carro; a lo largo de tu caminar te has llenado de muchos "NO" y de eso has alimentado tu mente.

No te crees merecedora de cosas buenas y extraordinarias, no te crees digna del éxito, sientes que el fracaso hace parte de ti, pero muy en el fondo de tu ser sabes que no es así, que has logrado superar infinidad de obstáculos, que eres inteligente, que todo lo haces con pasión, que sabes amar sin condiciones, que valoras una amistad hasta ponerte en la situación del amigo, sentir su dolor, su tristeza y sus alegrías. Dios te ha premiado con una familia maravillosa.

Hoy estás reconociendo cuáles son esos miedos y esos "NO" que te han arrancado tantas oportunidades. Entonces, está en ti hoy hacer un alto y decidir firmemente y con convicción que vas a derribar esos "NO", ya no pueden existir, ni pueden estar activos en tu mente. Hoy empiezas a transformar esos "NO" en "SÍ": sí puedes y sí te lo mereces. Eres un ser valioso que se merece lo mejor, se merece brillar, se merece soñar, se merece vivir a plenitud, mirando hacia adelante con valentía y determinación.

Angélica Puello

Desde hoy tienes la conciencia de pensar con abundancia, con la certeza de que puedes lograr todo lo que te propongas y todo lo que tu imaginación pueda visualizar. Desde hoy no hay límites mentales, ni barreras, solo cielos abiertos para volar, para vivir.

## *Tu cuaderno de promesas:*

Angélica Puello

## 2 SEMILLA DEL PERDÓN

En este recorrido que he decidido emprender para florecer mi mente, he tenido un reencuentro con mi niña interior. Esa niña soñadora, alegre, extrovertida, un poco impulsiva, llena de amor, llena de magia. Ella me hizo recordar cuánto me gustaban los libros, cuánto me gustaba escribir.

Yo de niña leía bastante, cuentos, novelas y hasta las enciclopedias de la casa, y así como leía escribía, principalmente me gustaba escribir canciones y poemas de amor; los guardaba solo para mí, algunos se los mostraba a mi mejor amiga y a mi prima porque, entre otras cosas, nosotras queríamos ser cantantes.

Recuerdo que cierta vez estando en Primaria nos informaron que al día siguiente debíamos llevar un pequeño escrito relacionado con el medio ambiente, que el periódico local de la ciudad iba a publicar los mejores. Como cosa rara a mí se me olvidó llevar mi composición, por lo tanto, me tocó escribirla corriendo en el salón de clases.

Los escritos saldrían en la edición dominical; sin embargo, yo no tenía muchas esperanzas de que el mío quedara entre los escogidos porque lo había redactado de afán. Cuál no sería mi sorpresa cuando llegó el domingo y lo encontré publicado entre los mejores, ¡no lo podía creer! Eso me dio mucha alegría. Mi mamá estaba muy orgullosa, lo recortó y lo guardó en su Biblia para tenerlo con ella siempre.

Este recuerdo me lo regaló mi niña interior y me llenó de mucha alegría, me revivió las ganas y la pasión que yo sentía al escribir, y me hizo tomar la decisión de retomar ese hábito. Empecé a leer nuevamente, todos los días religiosamente, a escribir pensamientos, poemas y aquí me tienes escribiéndote a ti este libro.

Pero claro, cuando hablo de recordar a tu niña interior no siempre llegan hermosos recuerdos. Como te he comentado, mi infancia no fue mala, pero tal vez el no crecer junto a mi papá me robó un poco a esa mamá amiga, a esa mamá con la cual podría tener plena confianza de contarle mis cosas. Lastimosamente en mi casa no se vio mucho el diálogo de temas profundos entre madre e hija. Como ya he contado, mi mamá se inclinó más por ejercer el papel de papá, de poner mano dura, y es que le tocaba; manejar los dos roles no es fácil y mucho menos en la pre y adolescencia.

En mi adolescencia fui un poco rebelde, creo que es algo normal en esa etapa, creía que me las sabía todas, que lo que mi mamá me decía era exagerado, o que no tenía la razón; para mí la equivocada era ella. No quise escuchar sus consejos en algunos aspectos y prefería tomar mis propias decisiones. Hasta quería ser adulta rápido; ese afán por crecer, por vivir la vida de otra manera, hizo que en algunos aspectos no disfrutara ese bello tiempo a plenitud.

Mi mejor amiga de la infancia tenía un panorama diferente, ella sí contaba con esa mamá confidente, tenía esa confianza de contarle sus cosas sin tapujos, sus aventuras y desamores. Entonces, yo tenía más libertad para contarle a su mamá mis secretos, ella nos conocía nuestros amores y desamores; no te miento, siempre quise tener ese nivel de confianza con mi mamá, pero entre las dos había una barrera.

Al llegar a mi edad adulta fue cuando valoré cada consejo, cada regaño y cada castigo de mi mamá, me reprochaba por no haber escuchado sus sabias palabras, por no haber seguido el camino que ella quería para mí, por no haber puesto un poco más los pies sobre la tierra. Vivir con

Angélica Puello

esas recriminaciones, con esos arrepentimientos, afectó mi mente inconscientemente, no estaba aceptando mi presente, mi realidad; me quedé anclada por un tiempo en ese pensamiento, ¿qué sería de mí si hubiese escuchado más a mi mamá?, ¿dónde estaría ahora si mis decisiones hubiesen sido diferentes? Y muchas más preguntas y reproches.

No disfrutar ni aceptar el presente, cansa, desgasta y no permite avanzar plenamente. Es estancarse en ese pasado que ya no tiene reversa, que no tiene forma de arreglarse. Es como quedarse por mucho tiempo en una habitación sin compañía y sin salida, repitiendo el mismo escenario. Es no ver lo construido en el trascurso de los años, lo logrado, lo superado. Es cegar no solo los ojos, sino el alma, el corazón y la mente.

Sé que al iniciar este recorrido por tu infancia recuerdas a esa niña, esa casa donde viviste, las personas con las que compartiste, algunas de las cuales se fueron ya para siempre. Sé también que no solo te llegan recuerdos agradables, tal vez tu niña interior te trae a la memoria momentos tristes, duros, abandono, rechazo, soledad, abuso físico y psicológico. Tal vez te dieron demasiada libertad y hoy esa niña te dice que hubiera querido algunos consejos, algunos castigos, alguien que la retuviera un poco. Tal vez no viviste con tu mamá, o en tu hogar tus padres se la pasaban discutiendo, o viste como tu papá maltrataba a tu mamá y no podías hacer nada, solo llorar, solo esconderte, solo rezar para que todo parara.

Tal vez tu niña te recuerda tantas dificultades que pasaron en tu hogar, tus padres no tenían cómo sostenerte, hubo grandes carencias. Tal vez no siempre hubo un regalo para navidad o para el día de tu cumpleaños, o te tocó trabajar desde pequeña para poder ayudar en la casa. Son tantas cosas las que pudieron pasar, tantas dificultades, dolor, tristeza y hoy al recordarlas se te salen las lágrimas. Lloras al ver todo lo que vivió esa niña, ¿por qué no le tocó más fácil?, ¿por qué no pudo tener una infancia y una adolescencia normal? Te llegarán infinidad de preguntas, de incógnitas, de reproches.

Hoy te invito a que abraces a esa niña, mírala con cariño, con amor, con alegría, dile: "gracias, gracias por lo que viviste, gracias por lo que pasaste, porque gracias a ti hoy soy lo que soy. No soy perfecta, pero he podido superar muchos obstáculos, forjaste mi carácter, me regalaste esas ganas de salir adelante, de pelearla en la vida. No ha sido fácil, pero hoy quiero sanar, sanar esas heridas, cerrar este ciclo que me atormenta y no me permite continuar, porque consciente o

Angélica Puello

inconscientemente me llegan esos recuerdos, o ese pasado se repite como una película y me roba paz, tranquilidad y claridad para continuar libremente. Te regalo mi amor, mi niña, mi amor de mujer, mi amor de madre, te abrazo y quiero que te quedes conmigo para recordarme que no me puedo dar por vencida, que tengo un mundo por delante, que tengo mucho porque luchar, porque trabajar".

Lo importante de reencontrarte con tu niña interior es que recuperes esa paz, que sanes esas heridas que han quedado ahí haciéndote daño durante muchos años, pero también, que ella te muestre de dónde provienen tantas inseguridades, tantos miedos y que te dé claridad de aquello que hoy debes trabajar, de lo que debes mejorar y soltar.

Tal vez hoy te haces la fuerte ante los demás para ocultar tus debilidades y tus miedos, tal vez hoy no te permites mostrarte frágil porque de niña te rechazaron y temes vivir lo mismo en tu presente, pero te recuerdo que todas lloramos, que todas tenemos momentos de debilidad, que todas tenemos temores, y es normal. ¿Por qué llorar a escondidas cuando puedes hacerlo en libertad? ¿Por qué seguir castigándote por lo que viviste cuando hoy tu realidad es otra?

Angélica Puello

Aprovecha este momento para sanar ese dolor, para trazar la meta de fortalecer esas debilidades que hoy estás descubriendo, para hacer un alto en el camino y decidir empezar de nuevo, con esperanza, con alegría, con entusiasmo. Esta vez no comenzarás sola, vas a hacerlo acompañada de esa niña soñadora, de esa niña llena de amor y de paz, de esa niña que te abraza, que le susurra a tu corazón que sí puedes, que quiere quedarse contigo para darte aliento cuando quieras darte por vencida, cuando lleguen las dudas, cuando lleguen esos momentos de confusión.

Yo he decidido quedarme con esa niña soñadora. Tal vez mi infancia no fue perfecta, tal vez hubo vacíos, pero también alegrías, instantes de felicidad, de unión, de sorpresas, momentos que vale la pena recordar. Recibí amor incondicional. Hoy quiero quedarme con lo positivo, con lo que sume; quiero dejar a un lado lo negativo, lo que ya acepté que no puedo reparar, lo que ya pasó y no hay oportunidad de remendar.

Hoy atesoro a mi niña interior con alegría, le doy las gracias por recordarme que puedo seguir soñando, por traer a mi memoria que tenía una pasión reprimida y ella me la sacó a flote. No reprocho que esa pasión haya surgido ahora y no antes, no, este es el momento perfecto, no era antes ni después, era hoy, porque hoy lo necesitaba, porque hoy era necesario para darle ese sentido a mi vida y para que mi mente despertará y empezará a trabajar con propósito.

## El momento más difícil

A los 21 años quedé embarazada de mi primera hija y me casé a esa edad. Mi esposo Néstor y yo habíamos decidido que no nos casaríamos solo por estar esperando un bebé. Pero un día, cuando ya tenía dos meses de embarazo, nos encontrábamos en la iglesia y hubo una boda. El momento cuando cada uno dice sus votos nos conmovió y nos despertó el deseo de unirnos en matrimonio, así que el 26 de agosto del 2006 nos presentamos ante el altar.

Mi bebé tenía tres meses de gestación, y fue tanta la alegría que ese día la sentí por primera vez moverse con fuerza, me dio sus primeras pataditas, eso para mí fue un signo de alegría y de que estábamos actuando bien. Nuestro matrimonio no ha sido perfecto, hemos pasado dificultades económicas, irrespeto y desconfianza; por mucho tiempo cada uno tenía objetivos diferentes, no estábamos remando para el mismo lado.

Angélica Puello

En el año 2012 viví lo más difícil de mi vida debido a esos problemas. La relación iba en deterioro, solo reinaban la desconfianza, las inseguridades y la falta de respeto. Por un malentendido de mi esposo, él decidió dejarme, dispuso que debíamos separarnos. Yo traté de que él entrara en razón, que me escuchara y le pedí que dialogáramos antes de tomar una decisión a la ligera, pero él es radical y quiso terminar con todo, cerrándome las puertas de nuestra propia casa.

Yo quedé sola con mi hija Julieta sin saber qué hacer ni a quién recurrir; no quería que mi familia se enterara. Llegué donde la mamá de él para que lo llamara y lo hiciera entrar en razón, pero él nunca contestó; ella me aseguró que solo eran pataletas suyas que pronto se le pasaría. Pero ahí estaba yo, tarde de la noche, con mi hija de seis años, sin saber a dónde dirigirme.

Primero pensé llegar donde mi hermana, pero cuando iba de camino me arrepentí, no quería que ella me viera derrotada. Finalmente, decidí ir a mi puerto seguro, a la única persona que siempre me ha apoyado sin cuestionarme, sin reprocharme, con amor incondicional hacia mí y mi hija; me fui para donde mi mamá Silvia.

Angélica Puello

Llegué a las once de la noche a la casa de mi mamá sin avisar. No podía hablar del dolor tan grande que estaba sintiendo, solo caí al piso y lloraba a gritos; recuerdo que solo repetía: "¡me quiero morir!". Ella y mi tía Libia me consolaron y me acogieron con amor. Esa fue una de las noches más terribles de mi vida, sentía que mi mundo se desmoronaba, que mi vida se desvanecía, no veía futuro para mí. Llegué a pensar que se estaba repitiendo la historia, iba a quedar sola como mi mamá, mi vida estaba destinada a fracasar en el matrimonio.

Al día siguiente desperté sin nada, incluso sin vestuario para ir a trabajar, fui vestida con ropa de mi tía Libia, pero llegué a la oficina como si nada estuviera pasando, con una sonrisa como siempre. Trabajé normalmente delante de los demás, pero tenía el corazón roto; guardaba la esperanza de que ese día se arreglara la situación; sin embargo, no fue así, la decisión estaba tomada, no había vuelta atrás, todo había terminado.

Fueron días de dolor, de duelo, de llanto, de tristeza. Lo único que me sostenía era mi hija Julieta, ella siempre ha sido mi ángel, mi soporte, mi motor, mi compañía, mi todo; ella es mi sol, mi luz y mi norte, sin ella mi vida no tendría sentido. Doy

Angélica Puello

gracias a la vida por esa maravillosa hija que me regaló. Yo me sentía fracasada, derrotada, no me creía una mujer de valor, mi autoestima quedó por el suelo, no veía una salida.

Experimentar el fracaso del matrimonio es desgarrador, es hundirse en arenas movedizas, te cuestionas toda tu vida. Solo piensas en lo poca cosa que eres, en que no eres valiosa como mujer, en que no eres merecedora de la felicidad ni de que te sucedan cosas buenas. Quedas hundida en un pozo oscuro con el corazón hecho cenizas, te arrancan las alas del alma, el daño a tu mente es enorme porque la alimentas solo de pensamientos negativos, de menosprecio hacia ti misma; consideras que si como mujer no fuiste capaz de sostener un hogar no podrás sostener nada, no podrás tener éxito nunca, no serás capaz de crecer. Todo eso te lo repite tu mente día y noche; todo eso me lo repetía a mí cada segundo.

En medio del fracaso, del dolor y de la pérdida, yo viví mi proceso. Frente al mundo yo mostraba que nada estaba sucediendo, que mi vida seguía normal, pero al llegar a casa me quitaba esa máscara y vivía mi duelo. Lloraba todas las noches, no quería vivir, sentía vergüenza de mí misma, que todo se había derrumbado y no tenía arreglo. Vivir con máscaras es desgastante, es agotador, es vivir dos vidas. Tener que mostrarle al mundo que en ti no está pasando nada, pero está sucediendo de todo, cansa y debilita; así me sentía yo, débil, cansada y agotada.

Luego llegó la aceptación; aceptar que ahora tenía una nueva vida y adicional debía velar por la felicidad e integridad de mi hija. A pesar de que en mi mente me repetía que yo era un fracaso y una decepción total ante el mundo, fui fuerte, no permití que el dolor me derrumbara por completo. En parte, pienso que fue gracias al apoyo incondicional de mi mamá Silvia, ella siempre me decía: "hija, no estás sola, me tienes a mí, yo siempre te voy a apoyar. Mírame, yo pude sacarlas a ustedes dos adelante, no es el fin del mundo, tú también lo puedes lograr, puedes sacar a tu hija y tu vida adelante".

Te confieso que llega un momento cuando esas palabras no tienen sentido. Yo solo veía lo negativo, que lo había perdido todo, pero ese amor de mi madre, de mi tía y de mi hermana fueron mi gasolina, ellas fueron las que me ayudaron a levantar, a ver hacia adelante, obviamente agarrada de la mano de Dios.

Aceptar mi fracaso no fue fácil, pero paso a paso lo fui logrando, me fui trazando metas, me fui mentalizando que podía salir adelante, que podía seguir disfrutando mi vida junto a mi hija Julieta y lo fui logrando.

Cuando me separé estaba terminando mi carrera universitaria y por un momento pensé que no iba a poder continuar, pero para la gloria de Dios logré graduarme; disfruté al máximo ese último año de estudios. Igualmente, me disfruté a mi hija, a mi familia, empecé a amarme a mí misma. No fue fácil porque, como te dije, me repetía que no era valiosa, que había sido incapaz de sostener un hogar, pero con dedicación me fui aceptando, fui reconociendo todas mis cualidades, la gran mujer que era, lo fuerte que me estaba haciendo, y recuperé mi alegría y mi personalidad.

Este episodio despertó en mí el miedo a la soledad, a quedarme sola, sentí que mi vida y mi felicidad estaban dependiendo de la compañía de una persona. Sin embargo, ese fracaso me regaló la oportunidad de conocerme, de reconocer que mi felicidad no dependía de nadie y que al quedarme sola mi vida no se acababa, que seguían llegando oportunidades para crecer, para sanar, para superarme como persona y como mujer. Logré descubrir que la felicidad no se encuentra en una persona, que la felicidad se crea y todos tenemos la capacidad de crear nuestra propia felicidad desde nuestro interior.

Angélica Puello

Otro aprendizaje que me dejó esta experiencia es que no puedo controlar todo lo que me sucede en la vida, pero sí, cómo reacciono ante tales circunstancias. Hoy pienso que, si hubiera reaccionado de una forma negativa, mi historia sería otra, y no solo para mí, sino para mi hija, pero gracias a la ayuda de mi familia y a la decisión que tomé de seguir adelante, de trabajar en mí, de trazarme metas, la situación fue diferente.

En el recorrido de la vida encontramos fracasos, derrotas, resultados inesperados sin importar lo mucho que nos hallamos esforzado y entregado durante el proceso. Te hablo desde mi vivencia, en esa situación donde me sentí totalmente fracasada como mujer, pero sé que tu experiencia puede ser otra.

También llegué a sentirme fracasada cuando me postulaba a una vacante para un nuevo empleo, porque veía que cumplía los requisitos y lo daba todo, pero al final no quedaba y hasta salía seleccionada una persona con menos capacidades o experiencia. Entonces sentía que mi autoestima bajaba.

Fui aceptando esas circunstancias, esas decisiones, tratando de revisarme internamente para descubrir qué estaba haciendo mal y no veía lo que mi mente estaba transmitiendo, que solo estaba atrayendo lo negativo, como te comenté en la semilla anterior. Tal vez tú has pasado por una situación similar y te ha afectado, o sientes que tu fracaso es no haber podido tener hijos, o, al contrario, a veces sientes que fracasas en la bella vocación de ser madre.

Bajo esas circunstancias sientes que tu vida es un fracaso porque no te has permitido experimentar nuevas cosas, porque estás haciendo algo que no te hace feliz, te cansa y te aburre. Hoy te invito a evaluar cuál fue ese hecho que te hizo sentir fracasada o derrotada, o que hoy mismo estás viviendo. Encuentra ese suceso, escríbelo, míralo con los ojos de tu mente y de tu corazón. Enseguida, revisa y analiza que has hecho con ese fracaso, o más bien, qué te ha regalado. Tenlo por seguro que te ha dejado una experiencia, una enseñanza, pero tal vez no lo has visto.

A lo mejor esa adversidad te ha hecho más fuerte, más segura de ti misma, te ha dicho "avanza", te ha permitido buscar otros horizontes o ver qué debes dejar o qué debes soltar. Los fracasos siempre dejan enseñanzas, siempre te regalan algo positivo, lo que pasa es que a veces la mente no permite observarlo y aceptarlo.

Angélica Puello

Este es el día en que debes sentarte a analizar cada detalle detenida y minuciosamente para que puedas aceptar desde lo positivo ese fracaso, y empieces a recibir las bendiciones que están ahí tocando a tu puerta, pero la tienes cerrada. Ábrelas de par en par y permítete ver la luz, recibir esas bendiciones.

Te invito a que te perdones. Perdónate por las veces que te has reprochado a ti misma, por pensar que no vales nada, por negarte la felicidad, por dejar que tu mente te juegue sucio. Estás empezando a limpiar tu mente. Esta semilla del perdón es poderosa porque has hecho un recorrido desde tu infancia hasta hoy, para que te perdones, para que sanes, para que te liberes, para que saques todo lo negativo y empieces a recibir y aceptar lo positivo.

Estás aprendiendo a quedarte con lo bonito que te ha regalado la vida durante todos estos años, desde que naciste hasta hoy. Así como yo me quedé con mi niña interior que me recuerda los momentos agradables, te invito a que te quedes con ella y con todo lo hermoso que te ha dado la vida. Tu vida es un milagro, tu vida merece que le regales luz y amor. Ya estás empezando este camino, has abierto tu corazón y lo has empezado a limpiar porque en la próxima semilla vas a trabajar tu amor propio y por eso necesitas sanar y perdonarte primero.

Yo decidí perdonarme tantos errores y desaciertos que cometí, decidí ver con claridad todo lo bueno que esos errores me obsequiaron, empecé a ver todo el recorrido de mi vida y que a pesar de todo lo que estaba mal en ella he podido crecer, superarme y retarme positivamente. A veces solo nos empeñamos en ver lo malo que poseemos y le restamos valor a lo bueno, cuando lo bueno es lo que nos suma y lo más valioso que podemos poseer.

Durante mi etapa de soltera aprendí mucho, también cometí errores, pero logré encontrar el propósito que tenía Dios conmigo como mujer, esposa y madre. En la semilla seis te lo contaré con más detalle, pero aquí solo quiero decirte que no te quedes con ese infortunio, conserva lo que te enseñó y te obsequió, permítete crecer y florecer desde los momentos difíciles y tristes porque sí se puede.

*"Jesús dijo: «Dejen que los niños vengan a mí; no se lo impidan, porque el reino de los cielos es de quienes son como ellos»."*

*Mateo 19:14 (NVI).*

Angélica Puello

*"¿Puede una madre olvidar a su niño de pecho y dejar de amar al hijo que ha dado a luz? Aun cuando ella lo olvidara, ¡yo no te olvidaré! Grabada te llevo en las palmas de mis manos; tus muros siempre los tengo presentes."*

*Isaías 49:15-16 (NVI).*

*"La salvación de los justos viene del Señor; él es su fortaleza en tiempos de angustia."*

*Salmo 37:39 (NVI).*

*"El que con lágrimas siembra, con regocijo cosecha. El que llorando esparce la semilla, cantando recoge sus gavillas."*

*Salmo 126:5-6 (CST).*

*"Depositen en él toda ansiedad, porque él cuida de ustedes."*

*1 Pedro 5:7 (NVI).*

*"El Señor está cerca de los quebrantados de corazón, y salva a los de espíritu abatido."*

*Salmo 34:18 (NVI).*

Angélica Puello

Para que puedas realizar un mejor análisis de tu vida con respecto a la semilla del perdón puedes empezar haciéndote estas preguntas:

*¿Cuáles son esos recuerdos que tu niña interior te trae en estos momentos?*

*¿Qué te dice esta niña?*

*¿Cuáles eran los sueños de esa niña?*

*¿Algunos de esos sueños están relacionados con la vida que llevas ahora?*

*¿Qué le quieres decir tú a esa niña hoy?*

*¿Sientes que tienes algo que sanar de tu infancia?*

*¿Sientes que has seguido arrastrando a tu presente algún momento de tu infancia que no te permite ser feliz completamente hoy?*

*¿Ese momento o esa situación tienen arreglo al día de hoy?*

*Si tienen arreglo, escribe la promesa que vas a empezar a trabajar en ello.*

Si no tiene arreglo, escribe la promesa que vas a empezar a sanar, a perdonar y a trabajar por soltar eso que fue y hoy no puedes hacer nada para cambiar, solo aceptarlo y continuar.

Abraza a tu niña interior, escribe esa promesa con que te vas a quedar de esa niña que llevas dentro.

¿Cuál ha sido el mayor fracaso o derrota de tu vida?

¿Cómo sobrellevaste esa derrota?

¿Ya la aceptaste?

¿Ya la superaste?

¿Actualmente solo es cuestión del pasado o sigue ahí en tu mente llenándote de pensamientos negativos?

Si la respuesta es que ya la superaste, revisa qué ganaste de ese fracaso, qué fue lo positivo que te regaló, admira y atesora todo eso positivo que adquiriste de un momento de dolor.

Si la respuesta es que no lo has superado, empieza a analizar todo el recorrido, si puedes o no cambiar ese fracaso por una victoria. Talvez ese fracaso te ha regalado algo

Angélica Puello

*positivo, pero no te has permitido verlo, este es el momento de revisarlo y aceptarlo. Perdónate, escribe esa promesa de perdón, de reconocer que es de humanos errar, que aceptas tu fracaso pero que lo has superado, o lo estás superando, y que desde hoy decides vivir desde el perdón.*

---

**De mi cuaderno de promesas para ti:**

---

## Rescatando tu niño perdido

Recuerda tu niñez y juventud. Todo era mágico. Lo que querías lo obtenías. No sabías qué sacrificio hacían tus padres para complacerte, vivías entre juegos, paseos, alegrías y amigos. No conocías el cansancio, podías jugar toda la tarde y toda la noche sin parar. Vivías entre carcajadas y bromas. Ir a la playa era un magnífico plan, pasar todo el día en el mar hasta que los dedos se arrugaran y decías que estabas viejito, jugabas con las olas y con la arena.

Salir a pasear y solo comer un helado, lo era todo, te endulzaba la vida. ¿Qué me dices de la vida en el colegio? Convivir y compartir con otros niños era un deleite, la hora del descanso era lo mejor y la educación física te relajaba. Luego fuiste creciendo y empezaste a disfrutar las salidas a solas con tus amigos, ir a cine o solo a caminar por el barrio o el centro comercial, no tenías dinero en tus bolsillos, pero eras feliz, estabas viviendo y disfrutando tu juventud a plenitud. Ir a las fiestas de tus amigos o de la familia, inventar paseos divertidos, empezar a experimentar el amor, ese primer amor que nunca se olvida, o ese amor platónico porque nunca fue correspondido, todo eso era una explosión de emociones.

Ahora que eres adulto no te das tiempo ni espacio para disfrutar y saborear la vida de esa manera, pero los recuerdos te llenan el alma. Trabaja en recordar ese niño que un día fuiste, trabaja en rescatar a ese niño y tráelo al presente para que le regale color a tus días, para que te recuerde que con las cosas simples y sencillas se puede ser feliz, para que te saque esa hermosa sonrisa que se ha ido apagando de tu rostro. Cuando empieces a vivir con ese niño en tu presente, tus días serán más felices, volverás a saborear las delicias de la vida.

*Florece tus días recordando a ese niño que vive dentro de ti, ese niño que era feliz con poco y que era capaz de regalar alegrías de la forma más pura y genuina que puede existir.*

Angélica Puello

*Saboréate la vida como lo hace un niño con un delicioso helado con chispas de colores.*

## El corazón se hizo cenizas

Mi mundo se desmoronó esa noche que me sacaste de tu vida. Me sacaste de la forma más baja, me dejaste sin nada, con el alma desnuda, con el corazón hecho cenizas, con la mente perdida, sin rumbo fijo. Mis ojos se inundaron de lágrimas, esas lágrimas eran tan espesas que me hicieron caer y me estaba ahogando.

Este dolor es muy grande, se ha apoderado de mí, me ha dejado inmóvil, sin fuerzas. Mi corazón grita fuerte a medida que se va desapareciendo. Quiero morir, no veo una salida, me siento humillada, siento que no valgo nada, tan poca cosa soy, tan insignificante. Me dejas así, destrozada, derrotada, y tu ira, tu cólera, no dieron permiso para que sintieras una mínima compasión por mí, por esa mujer que te dio todo su amor, todo su ser. Tú te marchaste con la cabeza en alto, yo quedé sumergida en el dolor, hundida en un pozo oscuro, sin fuerzas para intentar salir.

Angélica Puello

Solo puedo llorar, solo puedo ver esas cenizas de mi corazón. Las tomo con mis manos, las abrazo, las humedezco con mis lágrimas y las guardo con una pequeña esperanza de que este dolor sea pasajero, que algún día pueda sanar. Sin embargo, hoy sigo en mi duelo, y seguiré regando esas cenizas con mis lágrimas pesadas, esas lágrimas que llevan mi dolor, pero también llevan ese amor que un día te regalé.

Ese amor fue puro, así que ese amor que sale de mis lágrimas con el tiempo tomará esas cenizas y hará florecer un nuevo corazón que latirá fuerte y me sanará las heridas más profundas, y me hará levantar más fuerte, más hermosa y con ganas de seguir amando

## *Tu cuaderno de promesas:*

Angélica Puello

# 3 SEMILLA DE AMOR PROPIO

*"Tú creaste mis entrañas, me plasmaste en el seno de mi madre: te doy gracias porque fui formado de manera tan admirable. ¡Qué maravillosas son tus obras! Tú conocías hasta el fondo de mi alma".*

Salmo 139:13-14 (LDP)

Este magnífico versículo es una alabanza que me reconoce como una maravilla de Dios, como la creación perfecta de Él y que siempre he estado y siempre estaré en sus pensamientos. Me llena de alegría y orgullo leerlo porque me recuerda lo valiosa que soy, pero a la vez me invaden sentimientos de tristeza porque por muchos años no reconocía lo hermosa y admirable que soy. Y es que en la crianza tradicional nos han enseñado a respetar, valorar y considerar al otro; pero se quedaron cortos en educarnos para respetarnos, valorarnos, considerarnos y amarnos a nosotras mismas.

Obviamente, nos enseñaron lo básico: hacer respetar nuestro cuerpo, que nadie nos puede tocar, a cuidar la higiene personal, a agradecer por el organismo que tenemos; pero amarse a uno mismo va más allá, es algo más profundo. Es verte como ese ser extraordinario, maravilloso, valioso y único que eres; que acepta sus defectos, pero a su vez ama y reconoce sus virtudes y cualidades; que se hace respetar por lo que es, desde la consciencia, desde su interior.

Desde mi infancia yo vivía reprochando mi cuerpo, mi apariencia; así empecé ese camino de autocrítica y autoflagelación. Todo comienza desde la mente que envía esos pensamientos negativos y de rechazo hacia uno mismo. Mi mamá Silvia me decía que no dijera esas cosas, que me tenía que conformar con lo que Dios me regaló, pero yo no profundicé esas palabras, no les encontraba sentido. Ahora me pregunto, ¿por qué mi mente me transmitía constantemente esos pensamientos negativos?, ¿ese rechazo?

Pienso que es por lo que vemos a nuestro alrededor, lo que nos venden los medios de comunicación. En mis tiempos lo único que yo tenía para conocer el mundo exterior era la televisión (en la actualidad hay muchas más plataformas que al no ser bien utilizadas pueden generar un daño mayor en la mente de las personas), esa televisión siempre mostraba el cuerpo ideal, y al parecer había un solo molde de cuerpo;

obviamente el mío no se parecía en nada o no encajaba con lo que estaba viendo ahí.

Fueron pasando los años y no solo me sentía inconforme con mi cuerpo, sino que a medida que iba creciendo y conociendo más personas fui teniendo experiencias de vida, cometiendo errores, me encontré con el fracaso, vi que no todo lo que me proponía lo podía alcanzar. Fui cultivando en mi cabeza el reproche, rechazos hacia mi persona, le fui restando importancia a mi esencia y a lo que era, se me olvidó de dónde venía, quién me creó; mi mente solo recibía o transmitía esa negatividad. Se fue secando ese jardín que me fue concedido desde mi concepción, desde que me plasmaron en el seno de mi madre, como dice la Palabra.

Te soy sincera, no sé exactamente cuándo llegué a tal punto, pero como te lo he venido contando desde un principio, todo viene desde la niñez, ese inconformismo lo traía desde allá, por eso se hizo tan fuerte y a la vez logró hacerle tanto daño a mi autoestima.

En el transcurso de estas semillas te he contado cómo me trataba a mí misma, cómo no podía ver mis cualidades y virtudes, cómo solo me enfocaba en lo negativo, en mis errores, en mis fallas y no me permitía valorarme, amarme, aceptarme tal cual y como soy. Por eso esta tercera semilla es la del amor propio, porque ya hemos creado la conciencia, reconocido de dónde vienen nuestros miedos y actitudes, reencontrado con nuestra niña interior y perdonado, aceptado nuestros fracasos y descubierto lo que debemos trabajar y cómo podemos mejorar, entonces, ahora podemos evaluarnos conscientemente sobre el estado en que se encuentra el amor hacia nosotras mismas.

¿Será que dejé de amarme y no lo había notado?, ¿no era consciente del daño que me hacía con la autocrítica negativa y destructiva? Yo era inconsciente de eso, la verdad no tenía claro el concepto de amor propio, era ignorante del tema. Yo vivía en automático, las cosas pasaban frente a mis narices, pero no les daba la atención debida.

Yo siempre fui una persona que se enamoraba fácilmente, o como se dice, me enamoraba sola. Creo que siempre fue así. Cuando era pequeña me gustaba el niño que vivía al lado de mi casa, era como una obsesión, pero él nunca me prestó atención, la verdad ahora me río de eso. En la adolescencia me pasó algo parecido, me enamoré de un chico un poco mayor que yo y él nunca me tomó en serio, se repitió eso de enamorarme sola, pero yo seguía ahí con los ojos puestos en él; aunque me hacía toda clase de desplantes a mí no me importaba.

Recuerdo cómo mi mamá Silvia rechazaba que yo estuviera interesada en esa persona, me lo decía a cada instante: "ese muchacho no es bueno para ti"; sin embargo, yo era sorda, ciega y muda con ella, sus palabras nunca las recibí, nunca las acepté, yo seguía con la venda puesta. Pasaron años para que tomara conciencia y decidiera poner fin a esa relación dañina y tóxica, pero fue una decisión radical, la corté de raíz y para siempre.

Cuando llegó el amor de mi vida no supe valorarlo al principio, claro, cómo lo iba a hacer, no estaba acostumbrada a que alguien estuviera interesado ciento por ciento en mí, que me dedicara todo su tiempo y espacio, que sus ojos solo fueran para mí y no compartidos; eso casi me costó esa relación que tuvo muchos altibajos por diversas razones, pero esa era una de las principales, para mí era nueva esa situación, no era normal que alguien me pusiera en primer lugar, en la cima de su vida.

Cuando tú no te valoras, cuando no te respetas, cuando no te amas conscientemente, transmites eso a los demás, y tal vez no lo notes, no te das cuenta de lo que estás comunicando.

Angélica Puello

Así me pasaba a mí, yo sentía que me mostraba como una mujer segura, que me conocía, que me amaba y que me respetaba, pero en el fondo, en el interior de mi ser, sentía lo opuesto.

A veces solo vivimos de las apariencias, solo queremos agradar a los demás y que tengan una imagen impecable de nosotras, pero ¿a costa de qué? Y aquí en este punto le doy la razón a mi pensamiento inicial, que no nos enseñaron a darnos ese valor, nos enseñaron a complacer a los demás y no a complacernos a nosotras mismas como personas; somos capaces de hacer sentir bien al otro, de tener cuidado de no hacerle daño, de brindarle respeto, pero somos incapaces de hacer lo mismo con nosotras cada día de nuestra vida.

Hoy te digo, aunque venimos con ese chip incrustado, aunque tenemos implantadas esas creencias y costumbres de tantos años atrás, podemos cambiarlas. Hoy podemos transformarnos y empezar a trabajar por cultivar ese amor propio en nuestras vidas. Esta es una semilla muy importante para florecer, cuando empieces a amarte a ti misma, con respeto y admiración, tu vida estará lista para ver nacer las flores más hermosas desde tu mente, desde tu corazón, desde todo tu ser.

Angélica Puello

Yo inicié este proceso con pasos sencillos, que tal vez tú has escuchado, leído o alguien te los ha recomendado, pero ahora que estás trabajando desde la consciencia te va a resultar más fácil practicarlos. Te va a ser más sencillo dar ese primer paso que es el más importante. A continuación, quiero contarte todo lo que empecé a practicar para amarme, valorarme y agradarme tal cual y como soy.

Todo empieza con una autoevaluación: ¿qué es lo que estoy haciendo mal?, ¿qué es lo que estoy dejando de hacer?, ¿me siento conforme con lo que veo frente al espejo? Yo llegué a un punto que no me atrevía a mirarme en el espejo, trataba de que fuera lo más rápido posible pero no me detenía a admirarme, a observarme, tal vez a regalarme un pico de ojo, no, nada de eso. No era capaz porque yo no estaba conforme con lo que veía ahí.

Otras preguntas surgieron: ¿Me siento feliz y conforme con lo que hago día a día? ¿Tengo una rutina diaria? ¿Sé lo que me toca hacer mañana? ¿Tengo algún propósito de vida? ¿Qué estoy haciendo actualmente para enriquecer y nutrir mi mente? ¿Qué contenido e información le estoy transmitiendo a mi cerebro?

Las respuestas fueron aterradoras, yo no estaba haciendo nada por mí, por nutrir mi interior ni mi ser. Yo no me amaba, no me aceptaba por lo que era, no le estaba transmitiendo ninguna información de valor a mi cerebro, solo me estaba dejando llevar por la vida, que los días pasaran sin ningún sentido. Fue triste ver esa realidad, pero a la vez fue ese jalón de orejas el que me hizo despertar, centrar cabeza y tomar una decisión radical: o hacía algo por mi vida o seguía marchitando mi ser.

Decidí hacer algo bueno por mi vida, tomar acción, dar ese primer paso, ese paso que por tanto tiempo no pude dar por sentirme anclada. Te confieso que no es fácil cuando tienes la mente tan seca, llena de tanta basura, de tanto negativismo, pero tampoco es imposible. Creo que esta frase te la he repetido varias veces en este libro, pero quiero que te quede claro: es difícil pero no imposible; si le pones determinación, ganas y fe lo puedes lograr.

Recapitulemos, el primer paso fue el que te acabo de explicar, formularme todas esas preguntas y responderlas con total sinceridad, con el corazón y la mente abiertos; hay que ser totalmente sinceras para ver esa radiografía de nuestro interior y obtener los mejores resultados. Luego de llorar por darme cuenta del diagnóstico que me arrojó este cuestionamiento, tomé la decisión de iniciar mi cambio y de elaborar mi plan de acción.

Ahora bien, cuando estás en un punto donde tienes que trabajar tantas cosas, donde descubres que es mucho lo que debes mejorar, lo más sano es empezar por las tareas pequeñas, las más sencillas, y así, paso a paso, llegarás a las más grandes y complicadas; así asegurarás el éxito en tu propósito de cambio. Pero no olvides, lo importante es dar ese primer paso.

Luego de esa autoevaluación mi siguiente paso fue pararme frente al espejo. Fue duro, me veía fea, no me agradaba lo que veía al frente mío, arrugaba mi cara mostrando disgusto y descontento. Me decía: "esto es en lo que tú misma te has convertido, lo que has construido". Pero después de unos minutos empecé a ver más allá de esa piel, de esas mejillas rellenitas, de esa nariz con aquella marca oscura a su alrededor; más allá de esos kilos extras que me acompañan.

Logré ver mi interior, lo apasionada que era por lo que hacía cuando realizaba lo que me gustaba. Vi una mujer llena de amor, de sueños sin concluir; divisé esa mujer que siempre le ha gustado ayudar a los demás sin esperar nada a cambio, esa mujer que ama, que siente, que vive, que se apasiona, que sonríe a pesar de las circunstancias, que se ha enfrentado a grandes desafíos y batallas que la vida le ha regalado y los ha superado.

Después de ver todo eso, descubrí mi bella sonrisa, esa sonrisa hermosa que me caracteriza, con esos labios delgados y pequeños que heredé de mi mamá y que por mucho tiempo quise tener más gruesos; logré ver ese huequito que me sale de las mejillas rellenitas y que me ha gustado desde niña. Además, observé esos ojos grandes que brillan como rayos de luz y recordé que mi mamá siempre dice que soy el sol de la casa y de su vida, bueno, logré ver ese sol en mis ojos después de tanto tiempo.

Pude ver que más allá de ese cuerpo imperfecto, yo era una mujer perfecta y completa, no me faltaba nada, tenía todo en su sitio, completo y funcional. Fue entonces cuando admiré mi verdadera belleza. Abrí los ojos de mi alma para poder maravillarme con lo que tenía al frente: una mujer valiente, una mujer llena de vida, una mujer llena de amor, una mujer llena de pasión, una mujer llena de ideas, una mujer llena de sueños, una mujer con ganas de gritarle al mundo que ahí

Angélica Puello

estaba, que no era invisible, que la tuvieron enjaulada por mucho tiempo, pero estaba resurgiendo de ese pozo profundo.

Esa mujer estaba renaciendo en mí, estaba despertando y llegaba con mucha energía y ganas de quedarse conmigo, de levantarme, de activarme por completo para continuar en acción.

Ese paso tan sencillo de mirarme frente al espejo fue el detonante para continuar. Pero ocurrió así porque lo hice a conciencia, sin tapujos, sin esconderme o negarme nada, sin mentirme a mí misma. Por eso hoy te digo, párate frente al espejo, mírate fijamente, analiza todo, obsérvate por completo, de pies a cabeza y verás lo productivo que será.

Este ejercicio me permitió ver cómo el ser humano puede hacerse tanto daño a sí mismo, cómo puede latigarse o flagelarse tan solo con los pensamientos, cómo la mente juega un papel tan importante, cómo puede matar tu esencia y tus sueños, cómo puede hacer que estés muerta en vida como un zombi por el mundo.

Pero, así como la mente te puede transferir todo ese veneno, tú la puedes aconductar para que te transmita lo contrario, te trasmita vida, te transmita amor, te transmita esos nutrientes que te comente en la primera semilla cuando relacioné la mente con un jardín.

Después me hice una promesa, una de las muchas que me he estado haciendo durante todo este caminar -te sugiero que tú también hagas tus promesas, las escribas, las declares, las cumplas y las evalúes constantemente- esta promesa fue saludarme todas las mañanas frente al espejo y así lo he venido haciendo. Me mando un beso, me pico el ojo, me doy los buenos días, me digo: "qué linda estás"; a veces me río de mí misma porque me levanto muy despeinada, pero ya no me veo con desprecio, ahora me miro a través del amor y con gracia.

No te voy a mentir, hay días que me despierto acelerada y se me pasa darme ese primer saludo, pero luego lo recuerdo y lo hago. No he dejado de hacerlo ni un día, qué mejor manera de comenzar el día que regalarte ese poquito de amor a ti misma, tu persona favorita. El ser más importante en tu vida eres tú, así que lo primero y lo mejor para ti.

El tercer paso fue conectar mi mente con mi espíritu por medio de la oración y la lectura diaria de la Biblia. Yo siempre he sido una mujer de fe y enamorada de Dios, sin embargo, como todo en la vida, uno pierde ciertos hábitos que debería mantener, o de pronto lo hacía, pero a la ligera: un día sí y otro no. Reconocí que me hacía falta algo, y eso era hacerlo desde la consciencia, conectando mi mente con mi espíritu y mi corazón.

Así que me prometí iniciar mis días aferrada de la mano de Dios. Empecé a despertarme media hora antes de lo habitual, cuando todos aún están dormidos en casa. Leo la palabra del día, escucho la meditación, leo un capítulo de la Biblia aleatorio y escribo una oración en mi libreta. En esta libreta plasmo cómo me siento, cuáles son mis preocupaciones, qué me está estresando, le pido a Dios me guie de acuerdo a lo que me esté sucediendo, y obviamente agradezco por todas las bendiciones, cada día hago un agradecimiento especial. Luego interiorizo todo y me quedo en silencio para meditar y encontrar esa paz.

Esto ha sido muy provechoso y satisfactorio para mí porque comienzo mi día de una forma positiva, llena de esperanza y fe. Claro que he tenido días malos, días tristes, días con noticias desalentadoras, pero implementar este hábito me ha ayudado a llevar mejor esas situaciones.

Tal vez tú no seas creyente o no practiques la fe, pero sé que crees en algo o en alguien; crees en el universo, en las energías, en que hay un ser superior, entonces empieza tu día meditando, conectando tu mente con tu espíritu y tu corazón, y encuentra esa paz. Realiza el ejercicio de escribir en tu libreta todo lo que te he comentado, vas a notar cómo te liberas y cómo vas adquiriendo esa calma.

Hace unos días hice el ejercicio de leer las primeras oraciones que escribí, y vi que todo era tristeza, preocupaciones y angustias, pero con el pasar de las semanas noté que eso fue cambiando. Mi oración ahora es de más gratitud, me siento bendecida, amada, esperanzada, en victoria, con fe, entusiasmada y llena de vida. Los problemas siguen, las noticias tristes llegan, pero ahora no estoy sola, tengo el amor de Dios, las promesas de Dios que me regala cada mañana por medio de su Palabra. Ya mi mente no me trasmite ese negativismo, ese pesimismo, no, me transmite esperanza y fe de que todo va a cambiar, de que la bendición llegará.

No quiero profundizar en este tema, porque te recuerdo que hay una semilla exclusiva de espiritualidad, pero sí quiero recalcarte que este paso es muy importante y por eso es trecer paso, porque empezar tu día desde la oración o la meditación te va a ayudar a tener un día llevadero a pesar de

Angélica Puello

las circunstancias, lograrás ser productivo y le transmitirás esa paz a tus seres queridos y a todos los que te rodeen ese día.

No es lo mismo despertarse desesperada porque sonó la alarma, no la escuchaste, se te hizo tarde y entonces te toca hacerlo todo corriendo: no te bañas bien, no desayunas bien, se te olvidó saludarte frente al espejo, orar y agradecer. Asimismo, no saludas a tu familia con amabilidad y, en fin, todo es un caos; empiezas tu día con un estrés enorme y todo eso se lo transmites a tu mente. Ten por seguro que todo ese día estarás estresada.

Pero si cumples este paso, cuando se despierten tus familiares te verán con una sonrisa, esos "buenos días" se escucharán agradables e incluso te verán más radiante. A mí me ha pasado, mi esposo me dice: "hoy te ves radiante, tienes una gran sonrisa", claro, amanecí en paz, logré esa conexión de mi mente con mi espíritu, inicié mi día con energías positivas, en calma.

No te niegues esta oportunidad, por supuesto habrá días que no querrás levantarte, que la cama te llama. Al principio a mí me pasaba y yo seguía durmiendo, luego me puse la meta de despertarme quince minutos antes de lo habitual, después media hora, y te digo que ahora me levantó hasta una hora antes porque mi mente ya ha creado el hábito y me pide ese momento de conexión. Con la constancia los hábitos se van creando, y con el tiempo se van convirtiendo en nuestro día a día, en nuestra rutina. Empieza el ejercicio y verás cómo vas cambiando esa actitud y cómo tu mente va activándose en positivo.

El cuarto paso es planificar tu día. En mi caso empecé a hacerlo porque me di cuenta de que mis días no eran tan productivos como quería, veía que se llegaba la tarde y se me había olvidado hacer algo, entonces decidí elaborar en una libreta mi agenda desde la noche anterior, relacionando cada actividad que debía realizar.

En este punto empecé a recordar que cuando yo trabajaba era experta en agendar cada actividad que debía hacer, en llevar los pendientes anotados en mi libreta o en el bloc de notas del computador y los revisaba a diario. Me preocupaba por llevar a cabo todas mis tareas laborales dentro de los tiempos, inclusive cuando se trataban de indicadores o de algún requerimiento del cliente, trataba de entregarlo antes de la fecha pactada, para quedar bien, para quedar como una reina, como decía yo misma.

Sin embargo, en mi vida personal nunca implementé ese buen hábito, no llevaba una agenda, mis actividades las dejaba para el poquito espacio y tiempo que me permitiera el trabajo y hasta perdía las citas médicas. Entonces reflexioné sobre cómo era posible que las personas le damos el primer lugar al trabajo, y a nuestra vida personal la dejamos en segundo plano. Si estás en una situación parecida, te recomiendo hacer un alto en el camino, centrarte en ti y darte esa prioridad; agenda tus prioridades personales y lleva a cabo ese plan de acción.

Otra razón que me llevó a adquirir el hábito de programar mi día fue darme cuenta de que, aunque no estuviera trabajando en una oficina era la jefa de mi hogar, mi propia jefa, y debía darle sentido a lo que hacía en la casa. A veces demeritamos el trabajo de las mujeres que se quedan en casa, yo era una de esas, es más, yo decía que para las labores del hogar no servía.

Ahora que lo estoy viviendo y lo hago con amor, he aprendido a valorar este rol y pienso que es igual de importante que el de gerente en una empresa. Por esa razón le quise dar el valor que se merece y empecé a agendar todo lo que haría durante el día, y me di cuenta de que no solo hacía el aseo o la comida, adicionalmente fui agregando otras tareas relacionadas con mi desarrollo y crecimiento personal.

Agendar desde la noche anterior te va a permitir tener una panorámica de cómo va a estar tu día, de qué es eso en lo cual debes concentrar más tu energía, y te ayudará a despertarte con la mente activada en función de las tareas que tienes planeadas y que son para ti y no para una empresa ni para nadie más.

Continuando con mi análisis de la importancia que le damos a los temas laborales más que a los personales, continué con el quinto paso, que es trazarme metas mensuales: qué quiero iniciar o mejorar durante el mes; estas son metas cortas y alcanzables. Y regresé a lo mismo, en mi trabajo sí me ponía metas y trabajaba incansablemente para cumplir las de la empresa, para lograr con un cierre de mes exitoso, para que el indicador pasara el 97 por ciento de ejecución, en fin, todas esas metas que favorecían a la empresa, pero ¿y mis metas personales dónde estaban?

El primero de enero o los primeros días del año nos trazamos metas para el año, pero la mayoría no las cumplimos, las archivamos y las olvidamos. Yo era una de esas personas, intentaba comenzar una dieta y a la semana se me olvidaba y desertaba, o empezaba a leer un libro y de la tercera página no pasaba; así muchas otras cosas. En realidad, no tenía claro cuáles eran esas metas o esos propósitos que quería alcanzar, incluso había años que ni metas me trazaba.

Pero este 2023 sí escribí mis metas a conciencia, metas alcanzables, analizándome internamente, observando cuáles eran esas cosas que quería cambiar o adquirir, y las escribí. Ahora pienso que escribir esas metas o promesas tal vez es lo que permitió que yo empezara a florecer mi mente y mi espíritu. En fin, luego vi que debía trazarme metas más pequeñas para cumplir durante el mes, y así empecé, las he venido trabajando durante todo el año y me ha resultado muy provechoso.

Hoy te doy fe de que lo declarado y escrito se cumple, el 99 por ciento de mis metas las he cumplido. Reitero, trabajar en mis metas me ha permitido activar mi mente, ponerla a trabajar en función de mi bienestar personal y no en el de nadie más, y eso es lo que también me tiene aquí escribiendo este libro, porque una de las metas era terminarlo. En el mes de abril

El paso cuatro y cinco me llevaron al sexto paso: abrazar mis logros. Al revisar los avances de mis metas y de la agenda diaria, y ver cómo pude realizar esas tareas e ir avanzando en mis propósitos, me permitió aplaudirme y abrazar esos pequeños pero grandes logros que han ido nutriendo mi mente y que me han convertido en una mujer mucho más productiva. Y por supuesto, para continuar, uno debe felicitarse y celebrarse.

Es similar a cuando los bebés están aprendiendo a caminar o a hablar. Cuando vemos que dan esos primeros pasos o dicen esas primeras palabras, los persuadimos, los abrazamos, los felicitamos, hacemos una fiesta por esos primeros pequeños pasos, nos sentimos llenos de alegría. El bebé, al ver tanta emoción, tanta celebración, se llena de ganas de continuar, se siente alentado a seguir y pronto está corriendo por toda la casa sin nada que lo detenga.

Lo mismo ocurre en el trabajo. Cuando haces un gran trabajo y tu jefe o tu cliente te felicita, reconoce ese esfuerzo y esa dedicación, tú te llenas de orgullo, de felicidad y de ganas de seguir dando lo mejor, de seguir esforzándote cada día más.

Entonces, ¿por qué se nos olvida celebrarnos a nosotras mismas? Porque no estamos acostumbradas a amarnos, a felicitarnos. Pero llegó el momento, nuestro momento de hacerlo. Así empecé yo, abrazando esos pequeños logros, esos pequeños pasos que me han ido llevando hacia mi mejor versión, que han ido nutriendo mi mente y me han traído tantas alegrías. Incluso, al celebrar y abrazar te das cuenta de lo mucho que has avanzado; en marzo yo no podía creer que había leído cuatro libros e iba por la mitad del quinto cuando anteriormente no pasaba de la tercera página, eso me llenó de orgullo.

No dejes de celebrarte, no dejes de abrazar esos logros por muy pequeños que parezcan, al ir uniendo el uno con el otro te darás cuenta de lo lejos que has llegado y te van a inspirar a ir por mucho más.

Cuando lleves un tiempo recorriendo todos estos hábitos, practicando lo que te voy contando en este libro, tu pensamiento se irá abriendo, tu mente y tu cuerpo pedirán más y más experiencias, y así surgió en mí el séptimo paso: practicar un pasatiempo.

Yo ya había iniciado antes, cuando decidí empezar a leer y escribir, pero si tú aún no lo has hecho, aquí te lo estoy sugiriendo. Te digo que tu mente te va a ir pidiendo más porque así lo estoy viviendo, ahora yo me he interesado en la cocina y busco recetas sencillas en YouTube o en Instagram y las practico. Este es un nuevo pasatiempo para mí porque yo nunca fui amante de cocinar, a mí no se me ocurría cómo preparar lo que había en la nevera, mi imaginación y mi mente estaban muertas y cerradas para ese tema.

Sin embargo, ahora me gusta preparar comidas nuevas, obviamente un poco sencillas, porque voy paso a paso, pero me ha servido mucho y permitido incursionar en el mundo de la cocina; he preparado recetas que nunca hubiera imaginado y lo mejor es que cada día voy aprendiendo algo nuevo. Adicional, ha sido el instrumento para estrechar el vínculo afectivo con mis hijos porque a ellos sí les gusta; descubrimos que mi hija mayor, Julieta, tiene talento para cocinar, todo lo que hace le queda delicioso, mucho mejor que a mí. Estos espacios nos han permitido disfrutar momentos únicos e inolvidables donde nos reímos y nos gozamos cada minuto.

Tal vez en estos pasatiempos encuentres tu pasión, encuentres un talento oculto, pero lo que sí te aseguro es que te van a permitir nutrir tu mente y llenarla de paz y tranquilidad. Ojo, no tomes como pasatiempo ver televisión o videos en las redes sociales, la idea es hacer algo productivo y que le aporte cosas buenas y positivas a tu mente.

Uno de los malos hábitos que adquirí y fue una de las mayores fuentes para marchitar mi mente fue la televisión. Me envicié tanto a Netflix y a todas esas plataformas que prefería no salir por no parar una serie. Llegué al punto de pasar de largo toda la noche con tal de verme todos los capítulos.

En ese tiempo mi esposo trabajaba por turnos y en una ocasión que le correspondió el de la noche me quedé viendo una serie que me atrapó desde el principio. No podía detenerme, si me acostaba no dormiría por estar pensando qué sucedería. Estaba tan concentrada que perdí la noción del tiempo y cuando me di cuenta era que estaban abriendo la puerta; era mi esposo que regresaba, miré el reloj, eran las siete de la mañana; amanecí viéndome una serie.

Esa era yo. No fue la única vez que lo hice, había días que me quedaba viendo las series hasta las tres o cuatro de la mañana para despertarme corriendo a las cinco y treinta. Este es un pésimo hábito, aparte de que no le aporta ninguna información valiosa a tu mente, estás maltratando y acabando tu cuerpo y tu organismo por no dejarlo descansar las horas necesarias. Esas malas prácticas fueron las que produjeron que mi mente y mi cerebro se volvieran perezosos y se fueran secando.

Hoy te digo que desde febrero no he visto una serie, ya no veo Netflix, claro que estoy esperando que salgan dos o tres temporadas que me gustaron mucho, pero ya no las veré con la misma intensidad, solo uno o dos capítulos por día, no les voy a dedicar una noche o un día completo como lo hacía antes.

Igual pasa con las redes sociales. Esas plataformas están acondicionadas para que nos concentremos, de manera que no nos demos cuenta de cómo pasan las horas, y la mayoría de sus contenidos no aportan nada; ahora he optado por ver videos o post que me inspiren, educativos y fragmentos de libros, he dejado de ver tanto meme y video chistoso, claro que de vez en cuando se pueden ver para alegrarnos el día, para sonreír. También he limitado el tiempo que le dedico a esas redes, me detengo, me ocupo en otras cosas y así van mis días, siendo cada vez más moderada y cambiando esos malos hábitos por hábitos constructivos.

En definitiva, este paso tiene dos beneficios en uno. Primero, vas a crear hábitos que te van a permitir vivir experiencias novedosas, y adquirir nuevas destrezas y habilidades; segundo, te va a ayudar a dejar esos malos hábitos que has aprendido con el pasar del tiempo. Recuerda, tu vida es el resultado de tus hábitos.

Angélica Puello

A medida que iba liberando mi mente de tanta basura, ella me iba pidiendo más y más, y eso me llenaba de felicidad, entonces descubrí este octavo paso: trabajar en mi desarrollo personal. Siento que lo he venido haciendo, pero en esta etapa lo hago con mucha más consciencia, ¿por qué? Bueno, porque descubrí, entre tantas lecturas que he venido haciendo, que trabajar en mi desarrollo personal es la única manera de aceptar los cambios, una excelente opción para manejar el estrés y sobrellevar esas subidas y bajadas que traen consigo el crecimiento.

El desarrollo personal abarca varios aspectos, tal vez tú ya has empezado también a trabajar en ello. Iniciamos cuando realizamos el ejercicio de mirarnos frente al espejo, donde reconocimos cómo nos sentíamos internamente, pero también puedes comenzar a preguntarte qué sientes, qué te hace falta, qué quieres cambiar.

Este paso te invita a moverte, a ampliar tus conocimientos, a trabajar mucho más por ti, a trazar un plan que te ayude a crecer como persona y te mantenga la mente despierta y activa. Yo inicié planteándome estas preguntas, las cuales me ayudaron a ver qué quería para mi vida y qué necesitaba mi mente para seguir creciendo, para seguir desarrollándome como persona:

¿Qué quiero para mí ahora mismo?

¿Estoy conforme con lo que soy hasta el día de hoy?

¿Siento la necesidad de aprender nuevas habilidades?

¿Necesito manejar mejor mis emociones?

¿Quiero conocerme más?

Las respuestas me llevaron a trazar un plan de acción, me permitieron descubrir que quiero aprender nuevas cosas, ampliar mis conocimientos sobre ciertos temas y fue ahí donde seguí dándome cuenta de lo mal que me encontraba, de cómo fui alimentando esa pereza mental.

Hace ya tiempo que dejé de interesarme por aprender cosas nuevas, por adquirir nuevos conocimientos, incluso relacionados con mi profesión. Claro que por la clase de trabajo que tenía debía estar actualizada con los nuevos decretos y leyes que salían relacionadas con el comercio exterior y la logística; sin embargo, no lo hacía ciento por ciento por pasión, más por obligación, pero no me interesaba por nada más.

Angélica Puello

Ahora he descubierto los temas que me apasionan y no tienen nada que ver ni se relacionan con mi campo laboral. Uno de ellos es este que estoy abordando en el libro, por eso me propuse leer e investigar diariamente al respecto. Asimismo, me inscribí en cursos sobre temáticas que me apasionan, como el coaching y el liderazgo, y la verdad me he sentido plena y motivada cada día más. Lo más importante es que mi cerebro está recibiendo información de valor y adicional, es sobre lo que me gusta, lo que me hace feliz.

No dejes de dar este paso, regálate todo eso para ti, para tu mente y tu cerebro, ellos te lo agradecerán. Aquí vuelvo a mencionar las redes sociales, no todo en ellas es malo, allí hay cantidad de información interesante y valiosa, aprovecha que es gratis y consume esos contenidos. La mayoría de los cursos que he realizado a través de las redes han sido gratuitos.

A veces nos limitamos porque decimos que no tenemos tiempo, que no tenemos dinero, pero eso es mentira porque para otras cosas que no son productivas o para otras personas sí sacamos el tiempo, sí nos sacrificamos. Llegó el momento de ponernos en ese primer lugar y de regalarnos todo lo que nos haga bien, todo lo que le aporte a nuestro desarrollo personal.

Angélica Puello

Este recorrido me ha parecido hermoso, cada día descubro algo nuevo o revivo en mí lo que tenía dormido. Eso me pasó con el ejercicio físico, yo era de esas mujeres que se inscriben al gimnasio, asisten una vez a la semana y después no regresan más; duré años pagando sin asistir ni un día. Ese era mi círculo vicioso, como con esas relaciones tóxicas que se dejan, vuelven, se van y regresan, bueno, esa era mi relación con el gimnasio.

Ahora esa relación se convirtió en mi octavo paso, el cual amo y me encanta. Me gusta hacer ejercicio, bien sea en el gimnasio, en mi casa, o a veces salgo a caminar o trotar por el parque. No he parado, lo estoy haciendo con pasión, estoy viviendo y disfrutando mi proceso.

Esta vez no lo estoy haciendo por bajar de peso, claro que ese es uno de los objetivos, pero no el principal. Por primera vez entiendo que ejercitarse es beneficioso para la mente, para controlar el estrés, para liberarse de energías negativas y ese es mi propósito: mantener mi mente sana y positiva. Ahora no estoy pendiente de si baje o no de peso, es más, no me he pesado desde que comencé, no me importa, sé que ocurrirá con el tiempo, que un día se empezarán a ver los

Angélica Puello

resultados, pero no tengo afán, yo estoy trabajando en mí y no solo en lo físico, este trabajo es integral, abarca todo.

Justo en estos días me quedé sin mis pastillas para la presión arterial, desde los veintidós años fui diagnosticada hipertensa, ocurrió después de mi primer embarazo. En fin, no había podido ir a recogerlas porque mi esposo llegaba tarde y ahora tenemos un solo carro, así que me fue imposible. En otras ocasiones que no me tomaba esa pastilla me daban fuertes dolores de cabeza, sentía un peso en el cuello y se me presentaban otros síntomas, pero esta vez no me dio nada, solo fueron dos días, pero estuve tranquila y me sentía bien. Creo que fue gracias a que tengo mi cuerpo en movimiento, lo estoy ejercitando y también me estoy alimentando mejor.

Aprovecho para adicionar a este hábito la alimentación. Una vez creas esa conciencia, esa conexión de tu mente con tu espíritu y tu ser, llega ese momento cuando tu mente y tu cuerpo te piden alimentarte mejor, así me pasó a mí. Al investigar acerca de los hábitos encontraba siempre el de alimentarse sanamente y me costaba aceptarlo, al principio lo rechazaba, pero llegó el día en el que mi cuerpo lo pidió, solo, sin esfuerzos y empecé a hacerlo; fui complementando un hábito con el otro: hacer ejercicio y comer sanamente. Si te das cuenta, todo fluye solo, sin necesidad de forzar ni de exigirte de más; cuando vas haciendo las cosas correctamente, todo fluye.

Cuando decidí postear videos míos en el gimnasio, una amiga me preguntó en un estado de WhatsApp cuántos kilos había perdido. Le respondí que no sabía porque no estaba pendiente de eso, sino que estaba disfrutando de mi proceso. Ella no comentó nada más, pero deduje que las personas solo estamos pendientes de lo superficial y cuestionamos o comentamos desde nuestra percepción; ella no sabe el proceso que estoy llevando ni para lo que estoy trabajando, lo cual no es tener unos kilos de menos; mi objetivo principal soy yo como persona, como mujer, es mi mente, mi paz mental, mi paz interior, mi amor propio; es florecer en cada instante, es vivir mi vida a plenitud.

El noveno paso ha sido trabajar en el orden y aseo de mi hogar, y de mi vida. Este paso ha sido una de mis promesas para este 2023 y he venido avanzado poco a poco. Siempre fui descomplicada en ese tema, le restaba importancia, por lo general mi esposo estaba más pendiente que yo, pero en la pandemia comencé a ponerle cuidado; me afanaba por tener mi hogar ordenado y aseado todos los días. Sin embargo, después de la pandemia me volví a descuidar. Para este año sí me hice esa promesa, claro que al principio no lo hacía con tanto agrado porque mi mente seguía perezosa, pero con el pasar de los días le he ido tomando cariño y siento que cada vez es más importante.

Y es que si tienes tu hogar ordenado y aseado van a transitar en él energías positivas, pero el desorden es sinónimo de caos. No sé si alguna vez lo has percibido, pero en mi caso, cuando mi casa está muy desordenada, yo lo siento en mi interior, siento algo pesado que me atormenta, me genera intranquilidad y le roba paz a mi mente.

Vivir con un bebé de dos años no ayuda mucho a mantener el orden todo el tiempo, pero lo que hago es enseñarle a él desde ya que debe ser ordenado, así que entre los dos recogemos los juguetes y eso me ha permitido no solo ordenar la casa, sino inculcarle a través del ejemplo ese buen hábito. Adicional, esta actividad nos permite estrechar nuestros lazos afectivos.

En conclusión, han sido muchos los beneficios que ha traído a mi vida esta buena práctica. Ten en cuenta que un hogar ordenado y aseado te ayuda a mantener la mente sana, porque el desorden aumenta el estrés, agota y, por lo tanto, te

Angélica Puello

vas a sentir más cansada de lo normal, lo cual ocasiona un desgaste mental.

A la mayoría de las personas les encanta hacer el aseo escuchando su música preferida, los ayuda a relajarse más, los activa y se sienten más productivos. Yo no soy amante de la música, pero he tomado esta tarea como algo relajante, que me ayuda a ocupar mi mente en pensamientos positivos en vez de los negativos. También lo veo como una actividad física; cada vez que me agacho o hago algo, le digo a mi cerebro que estoy haciendo ejercicio, así que eso me activa aún más.

Otro beneficio del orden y del aseo es que aumenta la creatividad. Lo he constatado. Antes de sentarme a escribir ordeno la casa y recojo lo que esté en suelo; necesito sentir mi casa limpia y que todo esté en su lugar para poder concentrarme y tener inspiración. Si tienes hijos, piensa también en ellos, que sus habitaciones estén ordenadas y el lugar donde realizan sus tareas para que puedan concentrarse mejor y ser más creativos con sus trabajos.

Un aspecto que se me estaba escapando es ordenar tu cama una vez te levantes; te va a permitir activar la mente, te transmite sentimiento de logro, sensación de calma, te regala una concentración más profunda y reduce el estrés al iniciar el día. Tu cama y tu habitación son tu lugar sagrado, por eso debes mantenerlas ordenadas, para que cuando llegue la hora de descansar lo puedas hacer de forma mucho más agradable para tu mente.

Lo mismo sucede con la cocina. De mi parte, no me acuesto hasta no dejar el último plato limpio y guardado en su sitio, sea la hora que sea mi cocina debe quedar impecable. Te aseguro que eso me regala mucha paz, porque ahora mi mente y mi cuerpo me lo piden.

Tal vez te estás preguntando por qué estoy hablando de orden y aseo cuando nuestro tema es el amor propio; pues están muy relacionados. Aparte de que mantener todo limpio es un buen hábito del cual ya comenté algunos de sus beneficios, te ilustro el siguiente ejemplo. Cuando un amigo dice que va a ir a visitarte, ordenas con esmero la casa para que esa persona se sienta a gusto y reciba una buena impresión de tu hogar; en esas ocasiones te esfuerzas para que él o ella se sienta bien y te desbordas en atenciones. Lo mismo, y hasta muchísimo más debes hacer contigo misma.

Procurar regalarnos un lugar con un ambiente agradable y entregarnos las mejores atenciones a través del orden y del aseo de nuestro hogar, también es amor propio. Si empiezas a atenderte a ti misma desde esos pequeños detalles estarás fortaleciendo ese amor propio.

*"Nos cuesta mostrarnos frágiles ante los demás, cuántas veces hemos llorado a solas y a escondidas ocultando lo que estamos sintiendo, solo para no destruir nuestra imagen de personas fuertes. Pero ¿por qué? Si las lágrimas nos limpian el alma y con ellas se llevan las cargas pesadas. Mostrarse frágil y no ocultar las emociones también es de valientes."*

*Pensamiento Propio*

Desde niñas nos van aconductando a subestimar lo que sentimos, a minimizar nuestras emociones. Cuando llorábamos porque no podíamos hacer algo, se nos perdía un juguete o nos caíamos sin hacernos daño, nos solían decir: "no llores por eso", "no ha pasado nada", "no seas boba". Incluso ahora como madres cometemos ese error con nuestros hijos.

Así nos enseñaron inconscientemente que sentir tristeza, dolor o rabia no es importante, que la mayoría de las veces no es gran cosa, que es mejor callar y no expresar nada porque no es significativo, y así fuimos creciendo. Yo veo a mi mamá y en general a mi familia cercana: mi hermana, tías y primos, y fue así como crecimos, sin expresar esas emociones negativas. Mi mamá decidió guardarse sus dolores, tal vez se sentía enferma, triste o sola, pero nunca nos lo hizo saber, y ahora hace lo mismo, prefiere no molestarnos y guardar para sí sus problemas y emociones.

Así me crie yo, me cuesta expresar esas emociones negativas, mejor me las guardo y pienso: "¿para qué voy a molestar a la otra persona con esa mala vibra? Suficientes problemas deben tener para atormentarla con los míos que quizás son una bobada", esos eran mis pensamientos.

En mi matrimonio me pasaba exactamente lo mismo, me costaba manifestar las emociones negativas o cualquier inconformidad; no me atrevía a decirle a mi esposo si me sentía triste o me afligía algo. Cuando tuvimos a nuestro segundo bebé, Alejandro, aparte de ser un evento de dicha y gozo, también sobrellevamos muchas pruebas; él nació con unas malformaciones: microtia (su oreja derecha no se desarrolló por completo) e hipospadias (un defecto en la abertura de la uretra). Eso nos llevó a vivir sus primeros meses de médico en médico, realizándole toda clase de exámenes. Adicionalmente, a mí me dio preeclamsia, la presión arterial no se me normalizó de forma rápida.

Fueron meses tormentosos, mi mente solo me transmitía mensajes negativos: que mi bebé no iba a escuchar, que podría tener otros problemas genéticos, que cuando creciera y estuviera en el colegio le iban a hacer bullying por su orejita. Mis pensamientos se habían convertido en un tornado arrollador que no dejaba de dar vueltas. Como si fuera poco, mi bebé no dormía en toda la noche, así que más estresada me ponía.

Sin embargo, todo me lo guardaba, lloraba en silencio, mis lágrimas no cesaban. Nunca expresé lo que sentía y hasta llegué a tener sentimientos negativos hacia mi esposo, muy a pesar de que él ha sido mi apoyo incondicional, pero yo no era capaz de contarle por lo que estaba pasando. Siento que todo esto influyó para que la presión arterial no se me normalizara, me la pasaba con fuertes dolores de cabeza y muy decaída.

En ese tiempo solo me refugié en la oración, me entregué por completo a Dios y fue a Él a quien le conté todo lo que me pasaba. Gracias a Él, ese estrés y ese dolor que había en mi alma no pasaron a mayores, pero ahora analizo ¿cómo es posible que, teniendo a mi compañero de vida al lado, día y noche, no fui capaz de expresarle lo que sentía? Quizás si le hubiera hablado de mis sentimientos la situación habría sido

Angélica Puello

más llevadera, sé que habría encontrado su apoyo y no estaría sola.

La mayor parte de mi vida la había pasado así, ocultando mis emociones, llorando a escondidas, tragándome o escondiendo en el último rincón de mi mente todos esos sentimientos negativos.

Y es ahora en este caminar que pongo en acción el décimo paso: expresar mis emociones, porque al ir conociéndome y explorando mi yo interior cada día más, caí en cuenta de que guardarme las emociones estaba afectando mi bienestar y además la comunicación con mi esposo. De pronto, el estar viviendo solos con nuestros hijos en otro país, me ha ayudado a trabajar esta parte. Sobre todo, a principio de año, cuando estaba atravesando momentos de tristeza por encontrarme lejos de mi familia, de sentirme sola en este país y de recibir tantas noticias tristes de mi familia.

Ese año fue muy difícil, mi tía Libia, la que considero mi segunda mamá, venía enferma desde el año anterior y le habían practicado toda clase de estudios para detectar qué tenía, pero este año fue decayendo más y ya le diagnosticaron cáncer de ovario. Al encontrarme lejos y ver a mi mamá sobrellevando sola esta situación tan dura y otras circunstancias que estaban pasando, me afecté demasiado; hasta llegué a cuestionarme qué hacía en otro país.

La tristeza me invadía, pero no tenía a quién contarle, no quería molestar a mi esposo, él trabaja todo el día, llega cansado, para qué lo iba a molestar con mis pequeñeces, tampoco encontraba una amiga que me pudiera entender. Total, yo estaba llevando mi procesión por dentro.

Retener y ocultar tantas cosas me volvió más irritable, sentía que ni a mi esposo soportaba, llegué al punto de considerar que todo lo que él hacía era malo, yo solo lo miraba del lado negativo. Adicional, sufría fuertes dolores de cabeza y el hombro derecho me dolía terriblemente, dure más de dos semanas con ese padecimiento, no se me quitaba con nada.

Un día no aguanté más y exploté. Mi esposo y yo estábamos en el carro esperando a nuestra hija que estaba en sus prácticas de fútbol y yo solo empecé a llorar. Las lágrimas se me salían solas, no me podía controlar. En ese momento pude expresarle a él cómo me sentía; me escuchó, me regaló palabras de aliento y esperanza. Yo le digo que él siempre tiene un mensaje de esperanza, de fe y de positivismo para mí. Ese día me sentí escuchada, aliviada, me quité un gran peso de encima. Mientras él me hablaba pude ver que me estaba ahogando sola en un vaso con agua.

Angélica Puello

A veces nos atormentamos con situaciones que no podemos controlar, que por más que queramos no está en nuestras manos solucionar, pero por hacernos las duras, las fuertes, las que no tenemos nada -aunque por dentro tenemos de todo- no logramos ver con claridad. A la mañana siguiente desperté con un mejor semblante, empecé positiva, llena de esperanzas, me sentí amada y escuchada; los dolores fueron desapareciendo.

Desde ese día me prometí no guardarme nada más, que iba a expresar mis sentimientos y emociones, y así lo he hecho. Ahora si noto algo en mi esposo que no me gusta, se lo expreso o si me siento mal, se lo cuento. Este año ha sido de muchas pruebas, de momentos duros, pero ahora sé que lo tengo a él para que tome mi mano, me dé un abrazo y me regale esa palabra de aliento que tanto necesito.

También he logrado hablar con dos o tres amigas, y no son esas amigas que todos ven como mis más cercanas, no, han sido otras que han logrado abrirse conmigo y yo con ellas, con total sinceridad, con amor y comprensión; sabemos que de ninguna va a salir un reproche o un juicio. Hemos encontrado apoyo mutuo, nos hemos ayudado en estos meses con nuestras luchas internas. Ha sido un proceso muy lindo, ellas me han enseñado mucho a mí y yo a ellas.

Angélica Puello

## *Hoy te digo, empieza a evaluarte:*

¿Cuánto te cuesta expresar lo que sientes?

¿Te da miedo que te critiquen?

¿Te da pánico que te vean como una mujer débil?

¿No quieres mostrarte frágil ante los demás?

Después de cuestionar todo lo anterior, revisa cuánto daño te está haciendo. Sé que es difícil encontrar en quién confiar porque cada día las personas están metidas en sus vidas como en burbujas y pareciera que no les importan los demás; yo sé que es eso. Pero te aseguro que allá afuera hay alguien que está pasando por una situación parecida a la tuya y quiere encontrar quién la escuche; esa persona puedes ser tú para ella, y ella para ti. Talvez tienes a ese alguien dentro de tu propia casa y no te has dado cuenta, como me pasó a mí.

Analiza todo, llénate de valor y no te guardes más las emociones, exprésate libremente. Si quieres llorar, llora; si quieres reír, ríe; si tienes ira, manifiéstala, no es malo enojarse, lo malo es no saber controlarse y herir a los demás. Recuerda

Angélica Puello

que las lágrimas limpian el alma y que mostrarse frágil ante los demás es de valientes.

Los pasos que te he comentado me han servido bastante para seguir cultivando ese amor propio y esa paz en mi mente. En la próxima semilla te hablaré de otros temas con más profundidad, los cuales hacen parte de ese proceso que he estado implementando para fortalecerme cada día más.

En esta semilla hemos hablado de muchas cosas, todas relacionadas con el amor propio, porque amarse a sí misma no es solo expresarse "te amo" con palabras, ni únicamente un sentimiento, es verte y aceptarte por lo que eres. A pesar de las imperfecciones físicas ante los ojos del mundo, tú eres única, eres valiosa, eres fuerte, eres mucho más que un cuerpo, eres esencia, eres espíritu, eres energía, eres amor, eres luz. Eres la hija amada de Dios, eres la elegida por Él, eres la niña de Sus ojos, eres un ser que vive, siente, ríe, crea, expresa, transmite amor a los demás.

Hemos descubierto que amarse no es solo aceptar tu cuerpo, es también amar tanto a tu cuerpo, que decides cuidarlo, que empiezas a verlo como tu templo sagrado y quieres darle lo mejor a él y por ende a ti. También aprendimos que tener una relación sana con la comida y con la actividad física es primordial y te ayuda a fortalecer esos vínculos contigo misma.

Ver que mereces lo mejor, que no te puedes conformar con migajas, que para ti es lo excelente, que primero estás tú, que primero te debes complacer a ti en todo el sentido de la expresión, que, así como te has afanado por agradar a los demás, ha llegado tu momento de ser la protagonista de tu propia historia, de tu propia vida. Tienes un precio muy alto porque ya Dios pagó por tu vida con lo más valioso que puede existir, la sangre de su único hijo; no existe nada con más valor que eso, así que tienes que valorarlo y hacerlo respetar, primero por ti misma y luego por los demás.

Ese amor propio es conocerte por completo, desde tu interior, desde tu consciencia, es ahora sí saber cuáles son esas situaciones que te afectan, es reconocer qué necesitas y cuánto vas a trabajar por conseguirlo, es conectar tu mente con tu espíritu para tomar las mejores decisiones en favor de tu cuerpo y de tu vida.

Ahora ves con claridad la importancia de expresar tus emociones, que te puedes sentir libre de manifestar ante los demás cómo te sientes, que puedes decidir parar si algo no te agrada o te está afectando, es tomar distancia. Recuerda que el amor propio se construye y se cuida todos los días, es un recorrido sin fin, se debe alimentar constantemente y se debe nutrir igual que tu mente, por eso están conectados.

No te permitas nunca más llenarte de contenido basura que no edifica, no te permitas nunca más dudar de ti y de tu belleza, no permitas nunca más que apaguen tu luz, esa luz que viene de tu interior, esa luz que les fastidiará a algunos, pero que tenlo por seguro, a la mayoría les iluminará sus vidas oscuras y tristes.

Tú debes brillar primero para ti, pero no te puedes quedar con esa luz, debes brillar también para los demás, porque, así como un día estuviste en esa oscuridad, en esos momentos de tristeza y desconfianza, así hay personas allá afuera pasando por la misma situación y necesitan de ti. Recuerda que será mucho más fácil que te amen los demás si te amas a ti misma por lo que eres, disfrutando de tu proceso, disfrutando de ese hermoso paisaje que te regala la vida.

## *Eres fuerte:*

*"Yo lo puedo todo en aquel que me conforta."*

*Filipenses 4:13 (LPD)*

Angélica Puello

### Eres creación de Dios:

*"Nosotros somos creación suya: fuimos creados en Cristo Jesús, a fin de realizar aquellas buenas obras, que Dios preparó de antemano para que las practicáramos."*

**Efesios 2:10 (LDP).**

### Eres hija de Dios:

*"Queridos míos, desde ahora somos hijos de Dios, y lo que seremos no se ha manifestado todavía. Sabemos que cuando se manifieste, seremos semejantes a él, porque lo veremos tal cual es."*

**1 Juan 3:2 (LDP).**

### Eres valiosa:

*"Porque tú eres de gran precio a mis ojos, porque eres valioso, y yo te amo, entregó hombres a cambio de ti y pueblos a cambio de tu vida. No temas, porque yo estoy*

Angélica Puello

*contigo: traeré a tu descendencia desde Oriente y te reuniré*

*desde Occidente."*

*Isaías 43:4-5 (BJ).*

---

### Regala tu luz a los demás:

---

*"El segundo es semejante al primero: Amarás a tu prójimo como a ti mismo"*

*Mateo 22:37–39 (RV60).*

---

### De mi cuaderno de promesas para ti:

---

# Mujer eres poderosa

Para ti mujer que ahora o en algún momento de tu vida te has sentido menos que los demás, no sabes para qué estás en este mundo, o alguien te ha hecho sentir mal con actos o con palabras. Hoy te digo, tú eres poderosa, eres hermosa y no solo por tu apariencia física, sino por la belleza de tu corazón y de tu interior; eres luchadora, generosa, trabajadora, sabía y regalas alegría a quienes te rodean. Puedo seguir describiendo

Angélica Puello

esas grandes cualidades que tienes contigo, a veces te cuesta encontrarlas y sacarlas a flote, pero confía, confía en ti, en tu interior y en tu poder.

Sé que entre nosotras mismas como mujeres nos atacamos y nos hundimos, pero yo hoy estoy aquí para decirte: tú puedes, eres un ser de luz y tienes mucho para dar, tienes mucho que brindarle a este mundo que cada día se consume por la tristeza, la angustia, el estrés, la ansiedad, tú puedes aportar un granito para empezar el cambio; regalando una sonrisa, un piropo a otra mujer, ayudando a otros a encontrarse a sí mismos y encontrar su propia luz. Tú tienes el poder de ser feliz todos los días, de vivir a plenitud sin importar las circunstancias, de decidir vivir cada día con entusiasmo y dando lo mejor de ti.

¡Vamos! Tú puedes, disfruta el sol, disfruta la lluvia, disfruta la brisa, el desayuno, el trabajo, los amigos, la familia, disfruta lo mínimo y así verás cómo te va cambiando la vida y cuán feliz puedes ser y cuánto has podido lograr en este caminar que se llama vida. Confía y cree en ti.

Angélica Puello

## ¡Esto eres tú Mujer!

¡Mujer, eres virtuosa! Esta afirmación abarca muchas cualidades y significados, y es la descripción correcta para nuestra esencia como mujer; porque todas somos virtuosas, porque somos valiosas, y no por las joyas, riquezas o propiedades que podemos poseer, sino como la perla más preciosa e invaluable que puede existir en este mundo.

Somos fiables, trabajadoras y emprendedoras; sabemos administrar, no solo el dinero, sino el tiempo, el hogar y la familia; somos generosas, con un corazón gigante, siempre dispuestas a darnos a los demás y pensando en el bien del otro; somos sabias, llenas de la sabiduría que nos ha regalado Dios; llenas de alegría, el rostro de una mujer se convierte en la obra de arte más hermosa cuando sonríe, esa sonrisa transmite paz y ternura.

Somos hermosas y no es esa belleza física, hermosas por la belleza de nuestro interior que se refleja en esa mirada cálida que hace brillar nuestros ojos como rayos de sol. Somos fuertes, nunca hemos sido el sexo débil, jamás, porque soportamos y luchamos en la adversidad; no hay dolor o situación que no podamos enfrentar. Somos líderes, tenemos el don de liderar nuestros hogares, nuestros proyectos.

En lo corrido de la historia, la mujer ha sido sinónimo de lucha, de entrega, de pasión, de labrar el camino para otras que están por nacer. Las mujeres por siglos han luchado por recuperar su lugar, su voz, su espacio, su posición, han trabajado para demostrar que también tienen talentos, inteligencia, que nada les puede quedar pequeño, y digo recuperar porque Dios nos creó a Su imagen y semejanza, Dios nos dotó de todos esos dones, pero el hombre nos quiso silenciar y aislar.

Gracias a esas mujeres guerreras y valientes que alzaron su voz, que alzaron sus brazos y nos recuperaron nuestros derechos y la libertad que hoy poseemos y debemos valorar. Hoy, como mujeres virtuosas, con un corazón puro, debemos demostrarle al mundo lo que somos, trabajando por el bien común, valorando a las otras mujeres, a esa mujer madre, hermana, hija, esposa, amiga; a esa mujer exitosa en su trabajo o profesión, a esa mujer que está en casa, a esa mujer soñadora, a esa mujer que hoy está lidiando con sus luchas, con sus temores, con sus tristezas, con su soledad, con su caos y con su dolor.

Angélica Puello

Apoyémonos con amor y respeto. Hoy nos edificamos juntas, desde hoy nos convertimos en una sola para continuar con la lucha de instruir y animar a las más jóvenes a defender su valor y su esencia.

Angélica Puello

## *Tu cuaderno de promesas:*

Angélica Puello

# 4 SEMILLA DE VALENTÍA

*No te quedes en un lugar o con una persona si sientes que no avanzas, si sientes que la frustración, la tristeza o la amargura se apoderan de tu ser. Aléjate y avanza, por tu bienestar y por tu paz mental. ¡Eres tú máxima prioridad!*

Este recorrido que estamos llevando nos ha permitido revivir muchos recuerdos, momento agradables y no tan agradables, los cuales nos han abierto la mente y nos han permitido iniciar ese proceso de sanación, de aceptación, de descubrirnos como personas, como individuos. En este punto, ya has empezado a florecer debido a que comenzaste ese proceso de recuperar tu amor propio, de amarte tal como eres, de regalarte todo lo bueno, o, más bien, todo lo excelente, porque ya eres consciente que tú te mereces lo mejor.

Por eso ahora te regalo la semilla de la valentía. Y te preguntarás ¿por qué valentía? Yo te digo, valentía, porque ahora al amarte y reconocerte merecedora solo de cosas buenas y agradables, empiezas a mirar tu entorno, tu alrededor, con quienes estás compartiendo tu vida, tus momentos y tu propio amor. ¿Será que esas personas si te están valorando, si te están edificando, si te ayudan a continuar con tu propósito?, ¿será que ese círculo social va en la misma dirección tuya, o son una piedra de tropiezo en tu proceso?

Estas son preguntas que pueden regalarte respuestas fuertes y dolorosas, pero que te van a ayudar a asumir esa valentía, ese coraje para tomar una decisión radical de aquí en adelante. Asimismo, te van a mostrar lo bueno, lo bonito, esos seres de luz que te ha regalado la vida y que desde hoy vas a empezar a valorar mucho más.

Quiero empezar por la familia, porque de ahí venimos, ahí nos formamos, ahí nos empezaron a nutrir física y emocionalmente. Es desde nuestra familia donde inicia todo. Yo ya te he hablado de cómo fue mi núcleo familiar, con la ausencia de un padre y con una madre que nunca me negó nada y siempre trabajó incansablemente para darme educación, techo, comida y, sobre todo, mucho amor. Pero no solo fue ella, fueron esas otras tres tías que vivieron conmigo, todas luchadoras, trabajadoras, incansables y con su cabeza en alto para mantener y sostener un hogar.

Yo crecí viendo unas mujeres que se la jugaban toda, que se le medían a todo; si se dañaba algo, ellas solucionaban, no se conformaban con lo poquito, fueron construyendo y mejorando la casa para nuestro bienestar. Siempre dispuestas a brindarnos los mejores momentos; las navidades y las fiestas de fin de año eran en nuestra casa, allí era el punto de encuentro de todos y las puertas estaban abiertas para recibir al que quisiera llegar.

Eso es lo que recuerdo de niña, y por eso a mí me gustó trabajar desde joven, sin necesidad, solo porque me nacía. Por eso fui una niña, una joven y una mujer muy sociable, con muchos amigos y con los brazos abiertos para todos. Pero hay algo que fui notando a medida que crecía, cómo en toda familia hay discusiones, hay desacuerdos, ofensas y momentos fuertes que lo dejan marcado a uno.

Fui notando que a mi mamá la trataban mal porque ha sido la pasiva, la que quiere llevar la paz, la que se traga las cosas para evitar problemas. Como ya te había contado, a mi mamá siempre le costó expresar sus emociones, por eso ella callaba. Por muchos años fue así, callada, aceptando todo, reprimiéndose solo por "llevar la fiesta en paz", como decimos en nuestro país. Ahora que hago mi análisis, me doy cuenta de dónde yo soy así, como te he descrito a mi mamá, así he sido yo, con la familia y con las amistades; he imitado a mi mamá toda mi vida.

Querer complacer al otro solo para evitar una discusión no es nada sano, ya te lo había comentado en la semilla del amor propio, lo único que haces es ir acumulando esas represiones, esos sentimientos de ira o dolor que a la final te terminan dañando y destruyendo es a ti, emocional y físicamente. Así ha sucedido con mi mamá, así ha sucedido conmigo.

En la familia hemos pasado por situaciones muy duras, enfermedades como el cáncer, accidentes fatales, depresión, dificultades financieras o económicas, en fin, de todo. Pero no sé qué pasa, que es en esos momentos cuando se presentan los mayores conflictos, discusiones que generan ruptura, ofensas y siento que cada vez la situación es peor.

Por eso, a medida que uno va creciendo y madurando empieza a tomar distancia. Recuerdo con mucho agrado esas reuniones familiares numerosas, donde todos nos encontrábamos y disfrutábamos con alegría: las semanas santas, los cumpleaños y tantas cosas más que eran agradables. Pero ahora no es así, hay división, unos se han ido, otros están enfermos, algunos han decidido alejarse por completo o han quedado solos y eso me causa tristeza; sin embargo, hay que afrontar la realidad.

Mi mamá Silvia, por su parte, después de aguantar tanto, ha decido no callar, ha decido expresar sus disgustos, pero por ser una señora de edad, no sabe controlar sus emociones y se estresa fácilmente. Adicional, lleva una carga muy grande que los demás no entienden y la situación se complica. Ha habido una ruptura entre hermanas, en un tiempo cuando deberían estar muy unidas. De mi parte también me he alejado un poco, pero sigo con ese chip de querer unir, de querer arreglar, de creer que es mejor vivir en paz y armonía porque la familia lo necesita, pero al ver que los demás siguen defendiendo sus puntos de vista y no dan su brazo a torcer, lo mejor ha sido tomar distancia.

Ya mi mamá Silvia empezó, igualmente mi hermana Sandra inició hace años, porque debemos pensar en nuestro bienestar y en el bienestar de nuestras propias familias, las que hemos conformado con nuestros esposos, que son ahora mismo nuestra roca.

Te cuento esta situación familiar para ilustrar que la forma como fuimos criados es lo que va definiendo nuestra autoestima. En la familia recibimos esas bases para poder socializar, para salir a ese mundo que nos va a recibir con muchas sorpresas; cosas buenas y otras no tan agradables. Dependiendo del amor, del cuidado y de la atención que recibamos en nuestra familia, nos vamos a definir en la adultez.

Si fuiste una niña que sintió abandono, de adulto te va a costar pedir ayuda; si fuiste una niña que tuvo padres muy exigentes, serás una adulta perfeccionista; si de niña sentiste que anularon tus emociones, eres una adulta que le cuesta expresarlas; si traes heridas de tu niñez, eres una adulta que siente un gran vacío. Estos son algunos ejemplos de cómo tu familia influye en tu desarrollo emocional.

Por mi parte, yo siempre quise complacer a todos, mantener la paz y la armonía, aunque me hirieran, aunque por dentro no me sintiera bien, decidí callar, porque eso fue lo que vi de mi mamá. Y obvio, eso agota, eso cansa y te va afectando emocionalmente.

Desde mi caso es mucho más fácil encontrarse con la frustración, porque no siempre van a valorar el esfuerzo por tener a todos contentos. Eso me fue afectando, hasta sentir baja autoestima y llegar a la sequía en mi mente. Sé que con mi mamá Silvia pasó lo mismo, por eso ahora, cada vez que decide no quedarse callada, explota y se desata una guerra, porque ella lo está haciendo desde la represión que tuvo por tantos años y que actualmente no ha aprendido a controlarla ni a gestionar.

Por eso ahora la entiendo, si ella quiere tomar distancia, si prefiere estar lejos del resto de su familia, lo respeto y la apoyo, aunque a veces le recuerdo la palabra perdón y le insinúo que haga las pases, porque con todo lo que está viviendo la familia es necesario estar unidos. Pero yo solo cumplo mi parte de expresarlo y ella es libre de tomar sus decisiones.

En ocasiones me dice que así se siente tranquila, entonces pienso que lo primordial para mi mamá ahora es su paz mental, nada vale más, nada es más valioso ni urgente para poner esa paz en riesgo. La familia es importante, como dice una canción, la sangre llama, yo sé que en algún momento harán las paces, pero también, que mi mamá ha despertado y reconoce que primero está ella, primero está su tranquilidad, y si debe alejarse, lo hará, sin remordimientos, porque ya ha aguantado por mucho tiempo, ya se ha sacrificado a pesar de la indiferencia de los demás, ya peleó por la paz de los otros, ahora le toca pelear y proteger su propia paz.

Angélica Puello

De mi parte, desde que emprendí este camino de florecer mi mente, he decidido aprender a soltar; soltar lo que no me suma o pueda entorpecer mi proceso. Me ha costado, no lo puedo negar, pero voy dando mis pasos uno a uno. Se han presentado situaciones familiares y primero doy ese paso de reconciliación, pero si veo falta de interés de la contraparte, me hago a un lado. Duele, te digo que duele; sin embargo, hay que hacerlo, no puedo insistir donde los otros no quieren esforzarse. La verdad me siento más tranquila lejos de tantas energías negativas, de tanto resentimiento, de tanto rencor; yo no soy eso, nunca lo he sido, por eso no puedo compartir ese tipo de conductas.

Te he contado esta situación de forma muy general porque no quiero ventilar los problemas familiares ni que nos quedemos con lo negativo; el punto es que tú analices cómo fue ese vínculo familiar en tu infancia, qué bases traes y cómo las estás manejando ahora de adulta. Recuerda, puede que desde la familia nos formaron esa autoestima, pero eso no quiere decir que en la adultez sigamos con esos patrones; si encontramos falencias o vacíos, se deben corregir, se debe trabajar por mejorar, por cambiar lo negativo, por lo positivo.

Angélica Puello

Este proceso que estamos llevando a cabo te va a ayudar, mejor dicho, te está ayudando para que sanes esas heridas, para que te valores más y también para que valores mucho más a tu familia. Yo los valoro y los amo a todos; obvio, mi madre, mi hermana y mi tía son las más importantes, se llevan una gran porción de mi corazón, pero el resto también, porque han sido parte de mi vida, de mi historia, de este caminar que se llama vida y de ellos también he aprendido grandes valores.

A mis hijos les estoy enseñando a ser cercanos con los demás, a regalar amor, a no juzgar, a no tener resentimientos; les estoy inculcando la unidad, que ellos se deben tener el uno al otro por siempre, igual con sus primos, no quiero que vivan en su mundo sin que les importe nadie más. Tampoco deseo que se dejen dominar ni se callen para "llevar la fiesta en paz", al contrario, que se expresen, que se hagan sentir y respetar.

Mi objetivo no es solo sanarme yo, florecerme yo; sino florecer la mente y la vida de mis hijos, que son mi descendencia, para que ellos en un futuro hagan lo mismo con sus hijos, y así se vayan realizando esos cambios y cortando esas cadenas que nos venían atando generación tras generación. Mi propósito es vivir en paz, no solo conmigo misma, sino con los demás, en la medida que el otro lo acepte, lo valore y también lo practique.

Actualmente, no estoy en discusión con nadie de mi familia, bueno, nunca lo he estado, pero la diferencia es que sí estoy distante de todos aquellos que van en un sentido diferente al mío; debo respetarme para poder continuar con éxito en este camino de florecer.

Te he hablado acerca de los problemas familiares que son comunes en nuestras vidas, porque es normal que se presenten conflictos entre las personas con las que convivimos. Investigando sobre el tema, he logrado ver que existen diferentes tipos de conflictos familiares y cómo estos afectan la salud mental de las personas e influyen negativamente en el desarrollo de la autoestima.

En psicología se identifican los conflictos de familia según tres factores: la relación de los familiares, la gravedad de la situación y la raíz del problema. Para lograr una solución positiva hay que tener en cuenta esos tres elementos, analizarlos y enfrentarlos correctamente.

Asimismo, hay ejemplos de los conflictos familiares más comunes, están los problemas entre hermanos, como el que se ha presentado por años en mi casa, y las disputas de pareja, en la semilla del perdón te hablé de algunos de los conflictos que viví en mi matrimonio. Lo más importante para abordar este tipo de problemas es mantener una buena comunicación y sobre todo el respeto.

También están los problemas por el dinero, que se presentan con frecuencia en cualquier tipo de relación familiar, pueden darse entre hermanos, entre cónyuges, entre padres e hijos. Al ocurrir ese tipo de problemas las relaciones se vuelven tensas y si no se les da un buen manejo, se pueden salir de control.

Igualmente, se dan conflictos familiares por la salud, ya sea que sufras una enfermedad o la padezca algún familiar. Esta situación genera mucho estrés, angustia, tristeza, preocupación y cansancio. Todo eso acumulado y si no se le da un buen manejo, genera un conflicto muy grande que afecta no solo a quien está viviendo la enfermedad sino a su entorno. Por eso es importante mantenerse unidos como familia cuando se presente esa circunstancia, apoyarse mutuamente, rotar responsabilidades, no dejarle la carga a una persona, porque eso afecta de forma considerable la salud mental del cuidador.

Angélica Puello

Tal vez te has identificado con uno o varios de estos problemas familiares, o estás pasando por alguno de ellos. Lo importante es reconocerlos y luego tener la disposición de resolverlos. Para solucionar cualquier tipo de conflicto debes tener en cuenta una serie de acciones que debes aplicar, sea cual sea la situación.

Practica la escucha. Es necesario escuchar al otro, oír qué le ocurre a ese familiar, sea hermano, papá, mamá, tío, esposo e incluso hijo; darle la oportunidad de expresar su inconformismo, su dolor.

Darse la posibilidad de hablar. Tener una comunicación asertiva es poder hablar abiertamente sobre lo que siente cada uno, sin groserías, sin insultos, sin herir al otro.

También es importante participar. Tal vez el problema no es tuyo, pero te está afectando ser un espectador. Participa positivamente, puede ser como intermediario para solucionar, recuerda que es mucho más valioso ser luz que oscuridad. Quizá se necesita de alguien que pueda facilitar las cosas y seas tú quien pueda hacerlo.

Es de gran valor igualmente mostrar afecto. En ocasiones nos falta evidenciar los sentimientos, expresarle a nuestros familiares lo que sentimos por ellos, con un mensaje, con una llamada, con un abrazo o un beso. Regalemos amor. A veces queremos dar amor a las personas de afuera, pero nos cuesta expresarlo a quienes conviven con nosotros. Mostrar ese afecto, ese amor, ayuda a superar cualquier conflicto, a estrechar lazos y fomenta el amor en la familia.

Por último, quiero recordarte que, si pones a Dios como tu guía, como tu principal consejero, podrás solucionar los conflictos de la mejor manera, llegar a acuerdos positivos, sanar heridas. Antes de hablar con la persona con quien tienes el problema, habla con Dios, cuéntale todo lo que sucede, qué es lo que te está afectando, ora por esa persona y verás cómo Dios te va a guiar y te va a dar las palabras adecuadas al momento de hablar.

Las familias deben vivir en relación constante con Dios para poder encontrar armonía. Sé que es difícil, pero no imposible. Quizás tu esposo o tus hijos no quieran aceptar a Dios en su vida, pero tú puedes guiarlos con tu ejemplo. Al ver tu estilo de vida, tu testimonio diario, ellos se van a ir interesando, no debes forzar las cosas, todo se da en el tiempo de Dios. Para tener una vida mental sana, para poder seguir floreciendo, hay que estar en armonía, no solo con nosotras

Angélica Puello

mismas, sino con nuestra familia, en especial con esos seres con los que convivimos bajo el mismo techo.

Puede ocurrir que el problema no se solucione, aunque lo intentemos, aunque dialoguemos; entonces nos toca soltar, poner en una balanza lo bueno que me aporta esa relación y lo malo que me perjudica, y dependiendo del resultado tomar la decisión de quedarnos o hacernos a un lado, alejarnos por nuestro bien, por nuestra felicidad.

Soltar duele, pero libera, se necesita valentía y coraje para ello; ese es el paso que te va a permitir florecer, vivir en plenitud, lejos de tanto conflicto, del dolor, de la angustia y hasta de la desesperación. Durante este proceso vamos identificando qué nos está atando, lo que no edifica, lo que nos tiene estancadas, y es ahí cuando decidimos hacer un alto en el caminar, observar con claridad y tomar la decisión de acuerdo a nuestras necesidades y prioridades.

Ya no se vale estar pendiente de complacer al otro mientras me olvido de mí, no, en esta estación del camino ya me tengo en primer lugar, me veo como la protagonista de mi historia, y si la decisión es soltar y alejarse, eso haré, por mí y por mi proceso de florecer.

Angélica Puello

*"Un amigo fiel es una protección segura; el que lo encuentra ha encontrado un tesoro."*

**Eclesiástico 6:14. (DHH).**

Este versículo de la Biblia lo he atesorado por años, porque en el camino de la vida los seres humanos vamos encontrando esos amigos, esos tesoros que llegan a darle valor y sentido a nuestra vida. En cada etapa, han llegado personas a iluminarnos, seres que han dejado una huella imborrable en nuestra mente y corazón. Algunos han partido de este mundo dejando un gran vacío, otros estuvieron de paso porque no estaban destinados a quedarse con nosotros; sin embargo, están esas personas que han decido quedarse, que han estado ahí a pesar de las circunstancias, de los problemas, de las diferencias, de que cada uno haya decidido tomar caminos diferentes, esas personas siguen ahí.

Es de esos amigos que nos habla la Biblia, que son un tesoro, y los relaciona como un tesoro porque son considerados de gran valor y no son fáciles de encontrar; los tesoros están escondidos y el que los encuentra es porque ha realizado una gran búsqueda. Así mismo son los buenos amigos, un amigo fiel y leal no se encuentra en cualquier parte.

Angélica Puello

Por eso, si a tu vida llega un tesoro así de valioso, cuídalo, respétalo, reconócele su valor y ámalo cada día más.

De otra parte, la amistad se refiere al vínculo estrecho que se forma entre dos personas o un grupo. Este tipo de relación suele estar basada en la confianza, el afecto, la lealtad, la simpatía y el respeto que se depositan de manera recíproca los miembros de la misma.

La amistad es fundamental en la vida, ya que desde pequeños empezamos a forjar esos lazos, nos relacionamos con otros niños y es algo que se da espontánea e ingenuamente; así vamos relacionándonos y aumentando ese círculo de personas que van haciendo parte de nuestras vidas. Tener a alguien a quien puedas expresarle tus sentimientos, con quien contar en un momento difícil, favorece tu salud mental y contribuye a un alivio del estrés, así como disfrutar de la compañía de esa persona con la que puedes sincerarte libremente porque sabes que te va a atender, no te va a juzgar, te va a escuchar y te puede dar un buen consejo que te aliente.

Asimismo, es gratificante saber que esa persona puede confiar en ti, que se puede abrir fácilmente contigo y expresar sus emociones y sentimientos; tal actitud te hace sentir valorada y amada. Esa es la base de una verdadera amistad, que no sea solo dar, sino que también recibas, es recíproco, eso caracteriza una relación sana.

También es importante respetar los espacios individuales. Cuando los dos tienen claro que pueden llevar su vida sin tener la necesidad de controlar o saber exactamente cada detalle del día a día de la otra parte, es cuando hablamos de una relación sana, madura y de valor.

Ahora, ese tipo de amistad no se vive solo entre dos personas, también se puede experimentar en grupos, aunque por experiencia me atrevo a afirmar que es raro encontrarla en grupos muy grandes. De pronto hay subgrupos o sientes más afinidad hacia una sola persona, y eso no está mal, a lo que voy es que también hay grupos de amigos donde se encuentra apoyo, comprensión, amor y una hermandad enorme, donde sabes que puedes contar con ellos en cualquier momento y ellos pueden contar contigo; se convierten en una familia unida, esa familia que has elegido por convicción y por amor.

Un buen amigo es el que te hace ver en qué estás fallando, cuáles son tus errores, te invita a cambiar, a actuar de forma correcta. Para esas personas que tienen alguna adicción, por ejemplo, el alcohol, un verdadero amigo es el que motiva a dejar ese vicio y acompaña el proceso. Para eso están los amigos, para aconsejar, para guiar, para proteger, para decirte: "detente", "vas muy a prisa", o "detente, estás desviándote del camino". Si a tu vida ha llegado esa persona, atesórala y cuídala porque has encontrado un tesoro muy valioso y no te puedes dar el lujo de perderlo.

Ahora, también te digo, pueden llegar esos supuestos amigos que no te van a valorar, que no te van a brindar un buen consejo, que quieren que te hundas con ellos, que no les importa tu bienestar, que celebran tus errores o malas conductas; esos son los amigos que debes apartar de tu vida, con discreción, pensando en tu bienestar y en tu salud emocional, porque esos amigos te pueden agotar, te pueden destruir emocionalmente, te pueden lanzar por un precipicio sin paracaídas. Esa clase de amigos puede hacer hasta que tu matrimonio y tu hogar se destruyan.

Es en esa coyuntura cuando debes usar tu valentía y tu coraje para tomar la mejor decisión de tu vida, soltar, dejar ir a esa persona, empezar a pensar en ti y decidir por tu bienestar. Usa esta semilla de valentía para apartar a todo aquel que no te edifique, que no te valore, que no te ame, que no esté dispuesto a cambiar y a florecer como lo estás haciendo tú.

Angélica Puello

Siempre me he considerado una gran amiga. Como te comenté, procuro estar en paz con todos, ser esa persona pacífica, esa amiga que está disponible cuando la necesiten, dispuesta a dar un consejo, a escuchar y consolar en los momentos de dolor y tristeza, regularmente ha sido así. Toda mi vida he sido muy sociable, es algo que he visto desde mi familia, de casa.

Recuerdo que en mi adolescencia tenía muchos amigos, claro que uno los llama, amigos, pero la mayoría eran conocidos; a lo que me refiero es a que mi círculo social era muy amplio y diverso. En mi vida laboral no fue la excepción, siempre fui la alegre, a la que todos se acercaban para contarle chistes, los chismes de oficina (no puedo negar que participaba de ellos), sus problemas personales y yo los míos, en fin, siempre estaba abierta a los demás.

Por un tiempo me esforcé bastante por tener a todo el mundo contento, por querer encajar con todos, por agradar, pero eso me agotó y a la final terminé frustrada. Las personas acudían a mí para contarme un problema y yo con todo amor las escuchaba y les daba consejos -tal vez no los más correctos, pero lo intentaba- y luego, cuando la situación se resolvía, cuando volvían a la normalidad, se olvidaban de mí, seguían su vida como si nada, y yo quedaba a un lado. También me irritaba ver que yo sí tenía el tiempo y la disposición para atenderlos, pero ellos no me respondían de igual manera; eso decepciona, frustra y va apagando la luz propia.

A medida que uno va creciendo se va encontrando con más ingratitud; siento que en esta época en la que vivimos las personas cada vez son más egoístas, viven en su mundo, en su burbuja, como yo lo llamo, sin importarle la realidad de su amigo, de su hermano, sin saber que sus actos y su indiferencia está afectando al otro.

Esa clase de amistades y de actitudes apagan tu luz, van endureciendo tu corazón, porque al querer encajar y estar a la par de ellos vas adquiriendo esas conductas, te vas poniendo esas máscaras que te permiten mostrarte como los demás desean y no como lo que eres en realidad; vas dejando a un lado tu esencia, te vas olvidando de ella y cuando llegas a ver, te has convertido en una de ellos.

Por dentro, tu verdadero yo te va a empezar a reclamar, va a gritar, y es ahí cuando llega ese punto de quiebre, cuando explotas y puedes llenarte de frustración, de ansiedad, de decepción, porque tu mente y tu interior te están pasando factura. Estabas actuando, o más bien sobreactuando, te esforzabas por ser alguien que en realidad no iba con tu esencia. Ahora está en ti decidir si te levantas, si renaces y recuperas tu identidad, tu amor, sanas tu corazón, lo restauras, o si, por el contrario, te dejas hundir y apagar.

Todo esto te lo digo porque así me pasó a mí. Yo me dejé hundir, me dejé apagar, pero llegó el momento de decidir, llegó ese punto de quiebre y escogí renacer, sanar, restaurar mi corazón, florecer, porque yo, como mujer cristiana y creyente, no puedo ir en contra de lo que me dice Jesús. Él nos enseñó con su vida, con su testimonio, que siempre hay que ser buen amigo, que hay que dar amor, dar servicio, dar empatía, que hay que tejer nuevas relaciones cada día, todos los días. Jesús nos dice en la Biblia: ***"Ya no os llamaré siervos, porque el siervo no sabe lo que hace su señor; pero os he llamado amigos porque todas las cosas que oí de mi Padre os las he dado a conocer" Juan 15:12–15 (RV60)***.

Como puedes ver, Jesús nos ha llamado amigos y Él, que es Hijo de Dios, nunca se sintió superior a nadie, nunca estuvo por encima de nadie, al contrario, amaba a las personas, las cuidaba, les enseñaba y les servía como un gran líder. Nos enseñó que el verdadero líder es aquel que sirve y guía.

Angélica Puello

Entonces, si el Hijo del Dios supremo nos ha llamado amigos, ¿por qué nosotros levantamos barreras ante los demás?, ¿por qué nos hacemos inalcanzables?, ¿por qué usamos máscaras y endurecemos nuestro corazón para encajar en un mundo que no va con nuestros principios y con nuestra esencia?

No tiene lógica, debemos practicar lo que nos ha enseñado Jesús: Su amor, Su misericordia, Su amistad leal, pura y verdadera. Tan leal fue con nosotros que muy a pesar de que sabía que lo íbamos a traicionar, que lo íbamos a hacer sufrir, nunca se negó; nunca negó una enseñanza, nunca negó una sanación, nunca negó una oración, no, Él siguió entregándose sin máscaras, sin filtros, sin condiciones, hasta que murió en la cruz, y murió en esa cruz por amor hacia ti y hacia mí.

Es ahí donde tenemos la mejor demostración de amor, la mejor muestra de una verdadera amistad; esa debe ser nuestra guía, nuestro ejemplo a seguir. No es la ingratitud, no es la dureza de corazón, es ese amor incondicional. **"Nadie tiene mayor amor que este, que uno ponga su vida por sus amigos" Juan 15:13 (RV60),** este es el ejemplo que hay que seguir. Sé que en esta época ninguno va a entregar su vida literalmente por un amigo, pero sí puede darle su vida sin condiciones, su corazón, su tiempo, sus brazos cuando más los necesite. Esa es la amistad que debemos practicar.

Quiero contarte que en este día que estoy escribiendo estas palabras, mi corazón está muy sensible, porque hace dos días había empezado esta parte de la semilla, pero sinceramente no me gustó; sentí que no estaba aportando valor para ti, me frustré y apagué el computador. Entonces oré y le escribí a mi amiga Zulay para que leyera lo que había escrito porque quería saber su opinión.

Sin embargo, mucho antes de que ella pudiera leerlo, Dios me habló, me dijo qué enfoque darle a esta parte y lo empecé a escribir ayer. Pero hoy fue la respuesta más grande de Dios, me ha dejado tan sorprendida y a la vez me ha hecho sentir tan amada, tan escuchada.

Hoy temprano, mientras iniciaba mis oraciones del día, me escribieron tres amigas, y todas en conversaciones aparte se refirieron al tema de la amistad. La verdad quedé muy sorprendida. Una me dijo que no tenía muchos amigos y estaba analizando esa área de su vida, otra manifestó estar cansada de esas amigas que tanto ayudó de corazón y resultaban ingratas. Con todas tres tuve conversaciones profundas y tengo la convicción de que Dios estaba ahí, reafirmando qué debía hacer, animándome a no sentirme frustrada ni decepcionada e indicándome que aquí debo seguir.

Termina esta historia con mi hermana Sandra. Hoy me escribió y le conté lo asombrada que estaba con lo sucedido, le comenté que esta semilla me estaba costando y ella me contestó que era porque yo estaba sanando y sigo floreciendo; fueron las palabras más hermosas, más sabias y más poderosas que he escuchado. Y es así, aún sigo sanando, porque me entregué demasiado a algunas personas, pero ellas no me respondieron igual e hicieron parte de esa sequía que llegó a mi mente y mi corazón. Sin embargo, Dios me está restaurando, me está sanando, me está haciendo renacer y me está haciendo florecer desde Su amor.

En esta semilla quiero resaltar el valor de la amistad, su importancia para nuestra vida, para nuestra mente. En realidad, yo no me imagino sola, sin amigos, sin tener con quien hablar, ni a quien contarle un chiste, una broma, expresarle cómo me siento, celebrar mis logros o contarle mis sueños. Si estuviera sola, no podría estar escribiendo ahora, no podría estar hablándote de florecer, porque la amistad, los amigos, son parte fundamental en este proceso, juegan un rol muy importante que no podemos ignorar, ni hacer a un lado.

He llamado esta semilla, la semilla de la valentía, porque como seres humanos necesitamos valor para soltar. Y es así, necesitamos dejar ir todo lo que no edifique, todo lo que reste, pero asimismo necesitamos valentía para florecer, para defender el amor, la amistad, los amigos, para defender la unión; necesitamos valentía para recordarle al mundo que la unidad y el amor son poderosos, que queremos seguir tejiendo amigos por todo el mundo, sin límites; seguir tejiendo amor, entrelazarnos entre todos para sanar esta humanidad que está tan dolida, tan herida.

Hoy te digo, toma esta semilla de la valentía no solo para soltar, sino también para unir, para amar, para sanar, para recuperar los amigos que se han alejado, que hoy están ausentes, pero aun esa amistad puede sobrevivir. También tómala para fortalecer los lazos de amistad que tienes hoy, hazlos más fuertes con tu amor, con tu presencia, con tu comprensión y empatía.

En esta semilla quiero invitarte a practicar esos encuentros casuales con tus amigos, organiza una salida a comer, a tomar café, una cerveza, lo que más les guste, invítalos a tu casa, organicen algo lindo. También puedes redactarle una carta a ese amigo que está lejos, que se fue de la ciudad o del país y han perdido el contacto, envíale esa carta, verás cómo le alegras el día.

Espero que no sea una sola carta, espero que sean muchas cartas las que logres enviar a partir de hoy. Te aseguro que, si empiezas a practicar estos ejercicios sencillos, tu mente se irá abriendo y a tu vida llegarán personas que te ayudarán a seguir en tu proceso de florecer; también tú las ayudarás a ellas.

No olvides que las personas no muestran la realidad de sus vidas, algunas están viviendo episodios de tristeza, de depresión, de soledad, de abandono y no tienen con quién desahogarse, o a quién expresarle su sufrimiento. De otra parte, no sé si tú estás viviendo una situación similar, lo que sí puedo decirte es que cuando empiezas a abrir tu mente, a dejar esos prejuicios o esos pensamientos limitantes, tu vida fluye, llegan esas personas que te van a ayudar a superar la dificultad o tú puedes ser quien ayude a un amigo que está pasando por esa soledad y tormento.

Toma esta semilla de valentía y ábrete a los demás, regala ese amor, ese servicio por medio de la amistad. Tú puedes salvar una vida, salvar a un amigo, ser ese ángel que un amigo está esperando. Te lo digo porque ya lo he vivido, ya lo he experimentado, cuando decidí ser más empática y abrirme a mis amigos, todo empezó a fluir, he encontrado personas en quienes confiar con quienes años atrás nunca hubiera imaginado alcanzar ese nivel de cercanía. También han llegado a mi vida nuevas personas que se han abierto plenamente conmigo y hemos logrado tejer lazos de amistad muy bonitos, y lo más importante, sinceros, y juntos hemos florecido.

En un jardín puede haber muchas flores, así es tu mente y tu vida, no te limites a una sola clase de flor, cultiva en ese jardín una diversidad de plantas para que puedas respirar ese amor, esa libertad, ese aire puro que tanto necesitas. Florece con tus amigos, florezcan juntos, ayúdense a florecer.

Cuando estás en el proceso de renacer desde tu ser, de sanar, de restaurar tu mente, te das cuenta de que para soltar no necesitas mucho esfuerzo, por la simple razón de que las personas se van alejando solas. Los que no te van a querer apoyar, se reirán de ti y se irán quedando atrás, porque tú has decidido tomar otro rumbo. En realidad, se te va a hacer fácil, porque contigo solo se quedarán los amigos leales, los verdaderos, los que se sienten orgullosos de ti.

Angélica Puello

Entonces no tienes de qué preocuparte, aunque si debes estar alerta, analizar quiénes son los que sí deben continuar en tu vida y quienes deben irse, pero te aseguro que estos últimos se alejarán solos o el mismo universo te los irá apartando, porque ahora mismo estás viviendo con tu energía positiva y con amor, y el mundo te va a ir alineando todo.

Van a llegar esas nuevas personas que aportarán gran valor a tu vida y a tu proceso, y sé que en este camino que vamos recorriendo tú y yo ya vamos viendo los resultados, hemos visto avances, puedes mirar atrás y apreciar todo lo que has conseguido. Quiero contarte un poco mi experiencia con los amigos, tanto lo bueno como lo no tan agradable.

A mis 37 años he logrado conservar amistades, sé que no estamos tan unidas actualmente, pero también, que a pesar de la distancia puedo contar con ellas y ellas conmigo. En momentos de dificultad me acompañan con sus oraciones, sus consejos y palabras de aliento y de apoyo. Mi mejor amiga de la infancia se llama Vianis, nos conocemos desde que tenemos ocho años o menos, y hablamos casi a diario. Ella acaba de tener su segunda hija, estamos en contacto, sé que en nuestros corazones seguimos presentes y está ese amor verdadero.

Angélica Puello

También están mis amigas del colegio con quienes estamos un poco más distantes, pero siguen presentes en mi mente y en mi corazón, y estoy segura de que es recíproco. Con Yaneth, Laura y Scarlett nos conocemos desde que yo tenía once años y seguimos juntas hasta graduarnos de bachilleres. Luego continuamos viviendo experiencias bonitas.

Desde los dieciséis años tuve otra amiga que conocí en la universidad. Aunque teníamos vidas diferentes, aprendimos a amarnos incondicionalmente, yo fui apoyo para ella y ella lo fue para mí; alguien con quien podía abrirme libremente. Aprendimos mucho la una de la otra, crecimos juntas, personal y profesionalmente, celebramos logros, triunfos y nos consolamos en nuestras perdidas y situaciones de dolor y de tristeza. Celebramos unidas la llegada de nuevas vidas; los hijos que la vida nos regaló, y enfrentamos los múltiples obstáculos que se nos presentaron, permaneciendo firmes y superando cada uno de ellos.

Pero de repente todo cambió. La verdad no sé bien qué pasó, nos fuimos distanciando, nos ocultábamos cosas; ya ella no se abría conmigo de la misma manera y a mí me fue sucediendo lo mismo. Esa energía bonita entre las dos se fue apagando, todo se sentía muy diferente. Ella pasaba por momentos muy difíciles de su vida desde hacía mucho tiempo, yo estuve ahí para escucharla, aconsejarla y consolarla, pero me cansé, y siento que ella también. No sé por qué ella se cansó, pero todo resultó muy distante y seco. Ella estaba pasando por ese valle de oscuridad, y yo también atravesaba por mi desierto, una sequía que estaba viviendo en silencio.

Decidí entonces alejarme y pienso que ella decidió lo mismo. Solté sin dar explicaciones, sin decir adiós, por el bien mío y creo que también por el bien de ella. Lo hice por mi salud emocional, yo necesitaba sanar mucho y ella también; las dos ya no nos estábamos ayudando, ya no nos estábamos aportando nada bueno, al final nuestras conversaciones se sentían obligadas y forzadas.

Al principio me sentí un poco egoísta por pensar solo en mí, pero la verdad lo sentí necesario, era algo urgente. Lo hice por amor a mí y en el fondo sé que también por amor a ella, antes que nos hiciéramos un daño mayor. Ella siempre será esa amiga de la cual aprendí tanto, a la cual amo profundamente, porque nunca la dejaré de amar, pero tal vez estamos mejor así, cada una en su camino, trabajando por florecer aparte.

Angélica Puello

Al escribir cada palabra de este libro pienso en ella, porque quiero que florezca, porque quiero que sane, quiero para ella lo mejor de esta vida, lo mejor del universo. No me fui por ira, por rabia o por resentimiento, solo porque sentí que era lo correcto y lo hice desde el amor que cultivamos por veinte años. La vida no ha terminado, quizás en alguna curva de este camino que se llama vida nos volvamos a cruzar y podamos continuar el trayecto juntas.

Mi vida laboral también me regaló grandes amistades como mi comadre Kelly, hemos pasado momentos de alegría, de tristeza, de angustia y de bendición, y seguimos aprendiendo juntas, seguimos creciendo y sabemos que podemos contar la una con la otra a pesar de la distancia. Siento que una razón por la cual hemos fortalecido y sostenido esta amistad es porque nunca ha habido envidia ni celos entre nosotras, las dos sabemos alegrarnos por los logros y triunfos de nuestras amistades, así como acompañar en el dolor. Pero lo más importante es esa empatía, ese amor sin condiciones que nos transmitimos.

De la misma forma, las dos respetamos nuestros espacios, nuestros ideales y nuestras creencias, ninguna se impone ante la otra, primero está el respeto, y eso es algo muy importante en toda relación: respetar y aceptar que todos somos diferentes, que todos sentimos y vivimos de forma distinta.

Kelly y yo hemos crecido juntas, hemos superado circunstancias tormentosas de nuestras vidas juntas, por eso la valoro tanto, porque ella me entiende, ella conoce mis sufrimientos más grandes, y en esos sufrimientos estuvo ahí; no solo para consolarme, sino también para alentarme, para regalarme una sonrisa, para darme alegría, para divertirnos como amigas a pesar de las circunstancias. Eso es bonito, este tipo de relación te ayuda a mantenerte firme, a no derrumbarte por completo; te ayuda a ver que no todo está perdido, que siempre hay una luz, que hay un motivo para sonreírle a la vida.

Así te puedo hablar de otros grandes amigos que aún conservo, con los cuales hemos decidido crecer juntos, aprender de nuestros errores, caernos y levantarnos más fuertes, más profesionales, más decididos. Entre esas amistades quiero mencionar a Gehovell, Zulay, Jelitza, Dubis, Angélica C., Yorleidys, Vincent, Ledys y Karen C. Los resalto a ellos porque han estado por muchos años, pero lo mejor, siguen estando presentes, han sido esas personas que me han brindado su apoyo, me han dado palabras de aliento para que no desfallezca, para que no suelte mis sueños; me han dicho: "ánimo, tú puedes". Pero también yo he estado ahí para ellos, para alentarlos, para ayudarlos a crecer, para felicitarlos por sus logros, para darles ese empujón cuando se están quedando sin fuerzas.

Pero la vida laboral también me dio experiencias duras, personas que llegue a querer tanto, a darles todo de mí como amiga, a confiarles muchas cosas y tenerlas guardadas en el corazón, pero al final me traicionaron.

No quiero profundizar en lo negativo, pero lo menciono porque hace parte del inicio de mi sequía. Cuando te sientes traicionada o herida, te afectas emocionalmente, generas pensamientos negativos, cuestionas qué hiciste mal, la mente te transmite ideas destructivas, llegas a sentirte poca cosa porque crees que no mereces ser valorada. Yo aprendí a convivir con ello, aprendí a aceptar que no todos pueden llamarse amigos, que la vida te va dando cachetadas para que aprendas, para que te hagas más fuerte, para que conozcas todo lo que hay en el mundo.

Por momentos viví con máscaras, luego aprendí a quitármelas y ser yo misma, a tratar a todos con amor y respeto. Empecé mi proceso de sanación y pude llevar esas relaciones sin hipocresía, con el conocimiento de quién era amigo verdadero y quién, solo un compañero. Lo más importante, aprendí a vivir desde el perdón.

La vida laboral es un factor importante para tejer nuevas y excelentes amistades, pero también para desatar discordias y separaciones. Es lógico, porque se convive por más de ocho horas en el día con personas de distintas culturas, valores, creencias y personalidades. Se comparten no solo los momentos relacionados con el trabajo, sino que se empieza a crear confianza, se profundiza más en temas personales, se viven encuentros sociales fuera de la oficina.

En fin, en tu lugar de trabajo vas a encontrar un círculo de amigos y compañeros muy fuerte, pero cuando ese ambiente se contamina por las críticas, los chismes y los juicios, incluso por el mismo estrés del día a día, las quejas de lo que no agrada y los problemas laborales, hay una afectación emocional, aunque no se quiera; por mucho que te pongas una coraza, te afecta, te seca la mente porque se intoxica de tanta energía negativa.

La mayoría de las personas cuando llegan a sus lugares de trabajo por primera vez ingresan con muchos sueños y planes, su iniciativa de superarse es maravillosa, pero cuando ya están de lleno en ese mundo, cuando se dejan llevar por el estrés, por el día a día, por esa corriente de la toxicidad laboral, experimentan frustración ante sus sueños incumplidos; sus metas e ideales se van apagando, marchitando y desvaneciendo. Pueden llegar al punto de no importarles más nada, se dejan absorber por la rutina y por ese ambiente de quejas, de juicios y de críticas, y van perdiendo su esencia.

Es ahí cuando vienen los problemas emocionales, cuando la persona toca fondo y hasta se le olvida el sentido de la vida. Si tú has llegado a este punto, si te estás viendo envuelta en algo similar en tu trabajo, es hora de parar, es hora de hacer un alto, de revisar qué está sucediendo y cómo puedes cambiarlo.

Ahora, toma esta semilla de la valentía para hacer algo diferente, para ser luz, para ser amor ante tanta toxicidad que se vive en la actualidad. Pero si ves que todo te está afectando demasiado, toma esta semilla para soltar, para alejarte, para irte por tu bienestar, porque no está de más decirte que eres tú prioridad.

Angélica Puello

### La Pandemia

El 2020 fue un año de muchas pruebas, de retos, un año en que nos enfrentamos a situaciones nuevas que jamás nos pasó por la mente experimentar; también hubo pérdidas que nos dolieron profundamente y mucho miedo e incertidumbre. Nadie estaba preparado para vivir la pandemia del virus Covid-19, nos tomó por sorpresa y fue un golpe demasiado fuerte; aún a la fecha hay personas recuperándose emocionalmente.

Fueron muchos los factores estresantes como convivir confinados con todos los familiares 24/7. Las casas se convirtieron en escuelas, en oficinas, en gimnasios, en bares, en templos y en muchas otras cosas que ahora mismo no recuerdo. Las personas que no eran amantes de la tecnología se vieron obligados a convivir con ella, a tomarle cariño y a aprenderla, ya que se celebraban cumpleaños, reuniones familiares y de amigos, clases de zumba, entrenamientos deportivos, reuniones de trabajo por zoom y por otras plataformas, como también se dispararon las compras online y las transferencias bancarias. En fin, hubo muchos cambios que no se habían visto venir.

Con respecto al mundo laboral, hubo un aumento de las horas de trabajo, las empresas y los mismos empleados no poníamos límites, por estar desde la casa se trabajan más de las ocho horas legales, crecieron las exigencias, varias entidades no pararon ni un día, al contrario, han llamado este año, el año dorado, porque se dispararon las ventas y los ingresos, pero no se tuvo en cuenta el bienestar emocional y físico de los empleados.

El estrés y la ansiedad se dispararon, prácticamente no había límites, lo importante era trabajar, producir y mostrar resultados, nos estábamos retando a nosotros mismos. Hoy me pregunto: ¿a costa de qué?, ¿cuál era la finalidad de tanta exigencia? No tengo la respuesta, ni hoy, tres años después, no le encuentro el sentido.

Pero también ese año, muy a pesar de la distancia, de no poder dar abrazos, de no poder compartir presencialmente con las personas que amamos, logramos demostrar más ese amor, esa unión, esa empatía, esas ganas de ayudar y de acompañar al que lo necesitaba. Crecimos espiritualmente, nos refugiamos en las promesas de Dios, encontramos consuelo en su Palabra por medio de las oraciones. Fue muy bonito orar los unos por los otros, incluso orar por personas que no conocíamos.

Angélica Puello

De mi parte, ese año me dejó muchas experiencias, viví muchas cosas juntas, pero siento que gracias al amor de mi familia y de mis amigos pude superarlas y salir victoriosa. Desde febrero de ese año mi esposo y yo decidimos tener nuestro segundo bebé, ya estaba todo listo para iniciar nuestra tarea de quedar embarazados; nunca nos imaginamos que íbamos a vivir una pandemia.

En abril quedé embarazada, fue una noticia de felicidad, muy a pesar de lo que el mundo estaba viviendo. Sin embargo, teníamos mucho miedo de ir a una cita de control, pero debíamos hacerlo, así que en mayo fuimos y me dijeron que no percibían latidos del corazón; ahí estaba el saco, se veía, pero no latía, fue una noticia muy dura. El doctor dijo que esperáramos una semana porque tal vez el feto estaba muy pequeño todavía. Así sucedió, esperamos ese tiempo. Yo no reporté nada en mi trabajo porque esos días estábamos trabajando en un proyecto que me permitiría ascender, por lo tanto, no quería perder esa oportunidad, seguía trabajando sin parar.

Cuando llegamos a la siguiente cita, nada de latidos de corazón, entonces el doctor determinó que no se podía hacer nada, debían practicarme un legrado porque no había vida. Este ha sido uno de los momentos más difíciles de mi vida.

Angélica Puello

Empezamos el proceso para practicarme el aborto desde casa, un cinco de mayo, fueron tres días horribles con ese tratamiento y no se daba el desprendimiento.

Durante todo ese tiempo mi familia, amigos, en especial mis amigos de la comunidad de la iglesia me acompañaron todo el tiempo unido en oración; nos reunimos por zoom para orar. El desprendimiento nunca se dio y el nueve de mayo me practicaron el legrado en la clínica.

Recuerdo que después del legrado yo quería seguir trabajando como si nada hubiera pasado, pero el día que lo intenté, me llegó una tristeza profunda, no paraba de llorar, no pude trabajar. Ahí estuvieron mis amigas y amigos para acompañarme, para brindarme palabras de esperanza y de aliento y pude superar ese momento tan duro.

En junio salí positiva para Covid-19, no sé cómo, yo no salía para nada a la calle, el que salía era mi esposo porque le tocaba ir al trabajo, y a la única que le dio COVID en la casa fue a mí; siento que tanto estrés me debilitó. Estuve en aislamiento los catorce días reglamentarios, y mi esposo y mi hija me atendieron desde la distancia superbién. También seguían ahí mis amigos y mi familia, apoyándome por WhatsApp, por zoom, unidos en oración.

Angélica Puello

Recuerdo que la doctora me dio indicaciones para que no me afectara emocionalmente, entre ellas escuchar música alegre, en especial salsa. Entonces mi tío Cesar me enviaba todos los días videos de salsa para que bailara en mi cuarto. Por su parte, mi hermana Sandra me organizó una clase de zumba por zoom y nos conectábamos la familia y algunas amigas, fue muy divertido; me sentí muy amada y valorada.

El virus no pasó a mayores, a pesar de ser hipertensa y estar con sobrepeso, gracias a la compañía de mis amigos y de mi familia. En ningún momento me dejé aturdir por los miedos, por estar encerrada en mi habitación por catorce días, fueron días agradables en los que Dios se mostraba grandemente a través de las personas que amo. Mis amigos de "El Solo Tren" (grupo de amigos de la parroquia) ahí estaban presentes, me enviaban comida, frutas, y si mi esposo necesitaba algo estaban disponibles para llevárselo.

En septiembre quedé embarazada nuevamente. Esta vez lo llevamos con mucha más discreción, pero fue una noticia maravillosa. No todo fue bonito ese mes, un gran amigo de nuestro grupo "el solo tren", Said, salió positivo para Covid-19 junto con toda su familia, pero él se puso muy mal y lo tuvieron que entubar.

Angélica Puello

Durante todo ese proceso estuvimos unidos en oración, no parábamos de hacerlo, pero finalmente nuestro amigo falleció, perdió esa batalla; una noticia muy triste. Ahí sí sentí que nos dio muy duro la distancia, no poder estar unidos acompañando a nuestra amiga María Isabel en su momento de pérdida y dolor. Todo fue virtual, pero ahí estuvimos con ella a pesar del distanciamiento y le expresamos que no estaba sola, que nos tenía a todos nosotros.

Fueron días de intensa oración, de fuerte unión, de dolor y tristeza, pero sobre todo de gran amor. Con mi embarazo se me presentaron diversas pruebas, pero en cada una no estuvimos solos, nuestros amigos y familiares estuvieron ahí para apoyarnos, para ayudarnos con la oración, porque la verdad la necesitábamos: mi bebé tuvo que luchar desde el vientre para aferrarse a la vida.

En abril del 2021 nació mi bebé, Alejandro, de treinta y cinco semanas. Fue una cirugía de urgencias porque a mí me dio preeclamsia y estuve en cuidados intermedios por una semana después del parto. El día cuarto viví una experiencia terrible. Esa noche de jueves casi muero, quien me acompañó todo el tiempo fue mi esposo Néstor, él nunca me dejó sola. Yo no recuerdo mucho, pero lo que sí tengo presente es que me abrazaba y puso un rosario en mi mano para que me controlara. Yo solo veía un letrero que me había dejado mi amiga Kelly ese día pegado frente a mi cama.

Siento que Dios estuvo conmigo y me protegió a pesar de todo lo que viví, y que Él usó a Kelly para que me dejara ese mensaje, que fue el que no dejó que cerrara los ojos. Lo que yo experimenté fue que estaba muriendo, mi corazón se quería salir, sentía que mi pecho se iba a estallar. Durante todo ese episodio en lo único que pensaba era en mi bebé que estaba en esa UCI solo, recién llegado al mundo y se iba a quedar sin mamá, también en mi hija Julieta, que la iba a dejar también sola, me sentí tan egoísta por haber querido tener un segundo hijo a pesar de conocer mi pronóstico de hipertensión.

En ese momento me reproché tantas cosas, pensaba en mi mamá y en mi hermana, que no iban a resistir la noticia de mi muerte, en especial mi madre Silvia; yo sentía que mi mamá también moriría. Miraba a mi esposo y pensaba que lo iba a dejar solo con dos niños por criar. Eso fue en lo que yo pensé en esas largas horas, en las personas que más amo en mi vida, en mi razón de ser y de existir.

Mi familia se enteró de todo al día siguiente. Ese viernes lo pasé en shock, no comí casi y cada vez que recordaba el episodio las lágrimas se salían solas; no podía creer que estuviera viva. Mi hermana Sandra organizó inmediatamente una vigilia de oración por mi recuperación, porque ese día en la clínica me vieron toda clase de especialistas y pasaron todo el día haciéndome pruebas; ellos no sabían qué me había sucedido; hasta el día de hoy, no sé qué me pasó, nunca me dieron una explicación.

Esa vigilia de oración que hicieron mi hermana y mis amigas dio sus frutos. Mi esposo Néstor y yo no sabíamos nada, pero esa noche nos sentimos muy aliviados en la clínica, y al día siguiente me dieron de alta. Ellas no solo oraban por mí, también por mi bebé Alejandro, porque él nació con algunas malformaciones y los médicos me habían pintado un panorama no muy agradable.

Con este relato quiero demostrarte la importancia de tejer buenas relaciones, de contar con una familia y con unos amigos que puedan apoyarte en los momentos más difíciles. Aun cuando estén distantes, tú vas a sentir su presencia por medio de la oración, de una llamada o de un mensaje de aliento.

También quiero demostrarte lo importante de ser una buena amiga, hermana, hija, sobrina, tía y esposa. Que puedas acompañar desde el amor a todo aquel que lo necesite. Si no puedes ayudar con las manos, lo puedes hacer por medio de la oración, esto es algo que nunca va a fallar y esa persona se sentirá completamente agradecida con tu gesto.

Yo quiero aprovechar para agradecerle a todas esas personas que me han acompañado en esos momentos difíciles de mi vida, que nunca me han dejado sola, que me han tendido su mano, sus brazos y sus oraciones; lo valoro y lo atesoraré por siempre en mi corazón.

Para finalizar esta semilla quiero que tomes conciencia de lo importante que son las relaciones, sin ellas no podemos avanzar en la vida. El ser humano por naturaleza tiene la necesidad de socializar, de amar y de ser amado. Si tú sientes que lo has dado todo y la otra persona no hace el mínimo esfuerzo por darte lo mismo o no responde de la misma manera, toma la decisión de alejarte, de soltar.

Si sientes que esa persona o ese lugar, sea de trabajo, un grupo de amigos específicos, o de la iglesia, te está marchitando, te está secando con sus actos, con sus palabras, con su toxicidad, aléjate por tu bien. Ahora te amas tanto que sabes que tu paz mental y tu salud emocional son más importantes, son tu prioridad.

De otra parte, si ves que esa persona está cambiando, te está respondiendo positivamente, te necesita, te está dando amor y respeto, no dudes en quedarte, no dudes en amar, no dudes en fortalecer esos lazos. No olvides sorprenderle con una carta, con una invitación, con un pequeño detalle.

Por último, no dejes de tejer nuevas relaciones, el mundo está lleno de personas, no te quedes con las mismas que tienes en tu círculo social. Teje más, amplía esa red de amigos, conoce personas con nuevos ideales, nuevos sueños, nuevas creencias, eso ampliará tus conocimientos, te abrirá la mente, te permitirá florecer, porque tu mente va a estar activa, recibiendo información, recibiendo energía. No dejes de tejer relaciones, no te quedes sola, no dejes de socializar. Si has soltado, no te olvides de seguir buscando; tu mente y tu vida te lo agradecerán.

*"En todo tiempo ama el amigo; para ayudar en la adversidad nació el hermano."*

*Proverbios 17:17 (NVI).*

*"Hay amigos que llevan a la ruina, y hay amigos más fieles que un hermano."*

*Proverbios 18:24 (NVI).*

*"Si caen, el uno levanta al otro. ¡Ay del que cae y no tiene quien lo levante!"*

Angélica Puello

*Eclesiastés 4:10 (NVI).*

*"El que perdona la ofensa cultiva el amor; el que insiste en la ofensa divide a los amigos."*

*Proverbios 17:9 (NVI).*

*"Queridos hermanos, amémonos los unos a los otros, porque el amor viene de Dios, y todo el que ama ha nacido de él y lo conoce."*

*1 Juan 4:7 (NVI).*

*"Les suplico, hermanos, en el nombre de nuestro Señor Jesucristo, que todos vivan en armonía y que no haya divisiones entre ustedes, sino que se mantengan unidos en un mismo pensar y en un mismo propósito."*

*1 Corintios 1:10 (NVI).*

*"¡Cuán bueno y cuán agradable es que los hermanos convivan en armonía!"*

*Salmo 133: 1 (NVI).*

*De mi cuaderno de promesas para ti:*

## Y esta es tu esencia

Sé que siempre estás dispuesta a regalar una sonrisa, a responder con gran amabilidad un saludo o una conversación. Nunca te niegas a dar un consejo o unas palabras de aliento. Muchas veces estás dispuesta a escuchar los problemas y dificultades de tus amigos. No te niegas a recibir una visita y aceptas una invitación a comer muy sencilla y relajada. Estás muy pendiente de las fechas especiales de tus seres queridos y amigos.

En cada momento, en cada minuto y en cada lugar, estás entregando todo de ti, tus mejores energías, todo tu ser; y lo haces desde lo profundo de tu corazón, sin pensarlo, sin medidas, sin condición, porque así eres tú, es lo que te identifica, es tu esencia, tu toque de autenticidad.

Pero... tu ser, tu corazón, tu mente también necesitan un poco de esas atenciones, un poco de ese amor, de esa escucha, de esa palabra de aliento, pero tristemente no siempre es así. No encuentras esa persona en quien puedas

Angélica Puello

confiar, sientes que los demás no están dispuestos a escucharte, están ocupados en sus asuntos, encerrados en la burbuja de su vida, de sus angustias, de sus metas, de sus proyectos, y sientes que no hay espacio para ti.

Es triste, frustrante y agotador. Solo te queda decirte: "aquí me tienes a mí", "aquí estoy en tu interior para escucharte, consolarte, abrazarte y amarte", "conmigo basta". Entrégate a ti misma, porque tu luz y tu amor son inagotables y tan fuertes que te pueden sostener.

Y ahí sigues tú, con los brazos y la mente abierta para los demás, para continuar entregándote sin resentimientos, pero debes pensar diariamente en ti y en nutrirte de amor propio, para que la ingratitud de los demás, de los que quieres con todo tu corazón, no seque la fuente de agua dulce y cristalina de lo más profundo de tu ser.

## Soñando en mis noches insomnes

Es media noche y aún sin poder dormir, mis ojos se encuentran cerrados, pero la mente está despierta, el corazón latiendo a mil, recordando tu rostro, tu sonrisa y tu voz; estoy soñando despierta. Solo pienso en lo que algún día pudo ser y

Angélica Puello

no fue, simplemente porque nuestros caminos son muy diferentes.

Tú quieres llevar una vida relajada, sin nada que te pueda atar, nada que pueda retener ese corazón aventurero y soñador. Yo, llena de sueños a tu lado, queriendo compartir mi mundo contigo, pero algo desvanece esos sueños e ilusiones, ese algo es el miedo, mi miedo a explorar una nueva vida a tu lado, miedo a no encajar, miedo a perderme, miedo a descubrir esa parte de ti que desconozco, miedo a perder mis propios sueños, miedo a dejar de ser yo.

Tú eres libre como el viento, un alma viajera, ¿y yo? Yo quiero ir más despacio en esta vida, dar los pasos más lentos, pero seguros; por eso decidimos seguir nuestros propios caminos, que el amor no nos ate ni marchite nuestras almas; quizás en alguna curva nos reencontraremos. Mientras tanto, sigo pensando y pensando con la mente revoloteando como un torbellino, recorriendo ese viaje que nunca comenzó.

## Un día frío de invierno

Los días oscuros hacen que el alma y la mente se llenen de melancolía. Empiezan a llegar esos recuerdos de un amor

Angélica Puello

bonito que un día se dijo adiós, de esos amigos que dejamos lejos y junto con ellos momentos alegres e inolvidables, de esas sonrisas que ahora adornan tu mente y que quizás le dan un poquito de color a ese día gris.

Empieza a caer una lágrima de tu rostro, pero no es tristeza, solo es melancolía por todo lo que has dejado atrás para empezar el nuevo camino que te conduce a esos sueños que quieres cumplir. Entonces, solo por eso, sabes que no hay tristeza, tal vez un pequeño vacío, porque ahora, mientras te deleitas por tu ventana de este frío invierno, te hace falta ese abrazo cálido de tu mamá, de tu hermana o de ese gran amigo.

Y es que tú sabes que ese abrazo te reiniciaría la vida y te recargaría el corazón. Hoy los abrazas con la mente, con la imaginación y con estas letras, pero sabes, y estás convencido, de que llegará ese día en el que podrás regalar y recibir esos abrazos que has estado guardando en un rinconcito de tu corazón. *Este abrazo va en especial para ti que estás lejos de casa o tienes a alguien que se encuentra lejos.*

*Hoy regálale un mensaje o una llamada a esa persona que sabes que se encuentra lejos en busca de sus sueños.*

**Amigo es aquel que no se va**

Angélica Puello

Amigo es aquel que no se va...
Cuando lo has perdido todo.
Cuando has caído.
Cuando estás en la derrota.
Cuando la tristeza se apodera de ti.
Cuando te equivocas.
Cuando te has perdido en el camino.
Cuando los demás te juzgan y te señalan.

Un amigo verdadero no se va, él se queda, te acompaña, te abraza, te seca las lágrimas, te regala una palabra de aliento. A veces solo puede regalarte su silencio, pero basta solo su presencia para sentir su lealtad. Se queda contigo en el duelo, te ayuda a sanar y es tu apoyo para que puedas abrir nuevamente las alas y emprendas ese vuelo en busca de tu felicidad.

**Un día llegó el final**

Un día comencé a sentir tu ausencia.
Un día noté que te alejabas.
Una mañana no hubo buenos días.
Una tarde no hubo un "cómo vas."
Una noche no hubo "buenas noches."

Angélica Puello

Y así, un día caí en cuenta que querías estar distante, que querías tomar otro camino, que todo estaba cambiando.

Ese día yo me aparté de ese camino, entendí que estaba de más, que esa frase que nos repetíamos como signo de amistad se estaba cumpliendo: "¡Juntas hasta el final!". Pues llegó ese final, no sabíamos que ese día acontecería, y sin decir un adiós, y sin ninguna explicación, yo me aparté, seguí mi camino, aprendí a soltar y te dejé libre para que siguieras creciendo, para que continuaras viviendo.

Un día llegó ese final, un día el camino nos separó para siempre, pero los recuerdos quedan y esos recuerdos nunca morirán

## Transforma tu amistad

Quédate con quien aporte cosas positivas a tu vida y a tu crecimiento personal. A veces nos equivocamos porque creemos que debemos quedarnos con alguien porque tenemos muchos años juntos llevando una amistad. Pero llega ese instante en que abres los ojos del alma y te das cuenta de que esa amistad o esa relación se encuentra estancada, no se comparten sueños, ideales, pensamientos positivos, no se regalan consejos para ayudar a continuar el proceso de crecimiento y sanación; solo están ahí para pasar el rato, para criticarse o criticar a los demás, nada constructivo.

Es triste llegar a ese punto y sentir que te has convertido en ese alguien que alguna vez criticaste. Pero nunca es tarde, está en ti tomar la mejor decisión. Si ves que no hay mejor salida, entonces lo más sano es alejarte, hacerte a un costado y continuar tu camino solo. También está en ti hacer algo diferente, algo que te caracterice, convertirte en rayos de luz que iluminen a esa persona, y que esa luz la ayude a brillar en este mundo lleno de seres que viven apagando las almas soñadoras.

---

*Conviértete en un ser que edifique*

---

Angélica Puello

## *Tu cuaderno de promesas:*

# 5 SEMILLA DE LOS SUEÑOS

*"Encomienda al Señor tus obras, y tus proyectos tendrán éxito."*

**Proverbios 16.3 (EMN).**

Cuando iniciamos este recorrido te conté cómo se encontraba mi mente; estaba en un estado de sequía, marchita, llena de miedos y de gran desmotivación. Cuando la mente se encuentra en ese estado es casi imposible pensar en sueños y metas, te encuentras en un estancamiento que no te permite avanzar; así estaba yo. Pero luego de llevar este proceso, en especial cuando recuperé a mi niña interior, empecé a soñar nuevamente, a visualizar mi futuro y me prometí trabajar con pasión en este presente por mi propósito y por lo que en realidad me apasiona.

Esta semilla es muy importante porque es la que te permitirá ponerte en acción por tus metas y propósitos, es la que va a activar tu mente completamente en pro de tu crecimiento y sanación. No sé si te encuentras trabajando en algún proyecto personal, si es así, esta semilla te orientará y te llenará de motivación e impulso para avanzar; pero si no lo tienes aún, entonces te va a dar esa misma motivación y ese impulso para encontrarlo; aunque por experiencia sé que tu mente ya debe estar en función de hallar ese propósito y de mostrarte ese proyecto personal.

En el transcurso de la vida solemos desviarnos, ya sea porque al convertirse en mamá o papá el ser humano se centra en la crianza de sus hijos, en trabajar para que no les falte nada y en brindarles lo mejor; en especial las madres. Como mujeres nos entregamos de tal manera, que la mayoría nos olvidamos de nosotras mismas, nos desplazamos a un segundo plano porque ahora los protagonistas de nuestra vida son los hijos.

Puede darse también el caso de que le damos el primer lugar al trabajo. Nos llegamos a entregar hasta el extremo al trabajo que lo ponemos por encima de todo, ya sea porque es lo que nos apasiona, porque hay muchas deudas por pagar y no podemos darnos el lujo de perderlo, o simplemente porque hemos encontrado en el trabajo el refugio para nuestra soledad y frustraciones.

El punto está en que llega ese tiempo en la vida cuando nos pasamos a un segundo plano y dejamos morir los sueños, las metas y los proyectos personales. Lo que no vemos es que sin ellos nos vamos secando, perdemos el sentido real de la vida, no tenemos una motivación que nos impulse a superarnos, a buscar más, a descubrir que como personas podemos dar mucho, que este mundo tiene tanto por descubrir y está necesitado de nuestro aporte para contribuir a su mejora, o hay alguien que está necesitando ese aporte, esa semilla, esa luz que podemos regalar desde nuestra vocación.

Aclaro, no todas las personas están destinadas o deben dedicarse a proyectos para la comunidad, ni todos deben enfocarse en buscar ese plan que implique mostrarse al mundo como un salvador, o como se llama hoy, un "influencer", no. A lo que voy es que, desde nuestra vocación, desde lo que estamos ejecutando, desde nuestra profesión -si es lo que te apasiona y te llena de vida- desde ahí, encontrar ese propósito. No solo dedicarse a trabajar y a cumplir las metas de la empresa, sino dar ese aporte o ese plus personal, que sea tu toque único, que sientas que estás regalando un poco de luz con tu labor.

Puede ser que donde estás ya no sientas pasión y estás trabajando en modo automático; cumples con tus deberes porque debes hacerlo, pero no hay nada más, no hay motivación. Si es así, has un alto en el camino y revisa si lo que estás haciendo es lo tuyo, si consideras necesario seguir por ahí o, por el contrario, encontrar un nuevo rumbo, una nueva vocación que te haga arder el corazón y te permita actuar desde la pasión, desde ese fuego interno que impulsa a dar más, a buscar más, a no quedarte esperando a que lleguen las oportunidades. Ese fuego te pondrá en acción y te hará sentir llena de vida, iluminará tus ojos y tu rostro cada vez que hables de ello y estará ahí cada vez que abres los ojos, porque sabes que te despiertas con ese propósito en tu mente y en tu corazón.

Eso es lo que deseamos descubrir y experimentar con esta semilla, que se encienda ese fuego en tu mente y en tu corazón, que te ponga en acción espontánea, que active en ti el movimiento, ese movimiento seguro, ese movimiento lleno de vida, ese movimiento fuerte porque lo estás haciendo desde tu deseo, desde tu pasión y no por obligación.

Ahora bien, hablar de metas y sueños no se puede confundir con fantasear, que por lo general es lo que nos pasa la mayor parte de nuestras vidas. Pensamos que con solo soñar con lo que deseamos lograr o alcanzar las cosas se van a dar, y no es así, hay que planificar, trabajar y ponerse en acción y en busca de ese resultado.

Angélica Puello

Fantasear con lo que se quiere o anhela, acostado en la cama o en el sofá de la sala, viendo en las redes sociales el estilo de vida de quienes aparentemente han cumplido sus sueños, lo que ocasiona es un daño emocional, una sensación de frustración, porque llegamos a comparar los resultados de nuestras vidas con el de esas personas.

Entonces, solo fantasear no nos lleva a ningún lado. Por muchos videos que veamos, muchos libros que leamos, muchos pódcast que escuchemos, si no los ponemos en práctica, si esa información que consumimos no nos hace un llamado a la acción, no estamos haciendo nada, no vamos a cumplir ningún sueño.

Un sueño, una meta se hace realidad trabajando por ella cada día, empezando por dar ese primer paso y luego los siguientes. También sabiendo que esa meta no se va a cumplir con el primer intento, que todo es un proceso y que debemos prepararnos para superar los obstáculos que se presenten en el camino. Como dice una frase que me gusta mucho y la leí en la carta de despedida de una compañera de trabajo: *"las oportunidades no se esperan, se causan"*. Esa es la verdad, se vale soñar, se vale querer cosas mejores para nuestra vida, pero para que todo eso suceda se debe trabajar, nosotros mismos debemos esforzarnos por causar las oportunidades, por hacerlas realidad.

La investigación psicológica muestra que debemos emprender planes pragmáticos para cumplir objetivos, en lugar de andar soñando despiertos. Los psicólogos llaman a este proceso "contraste mental". Sus investigaciones muestran que la mayoría de las personas fracasan a la hora de establecer estrategias en sus vidas diarias; las buenas intenciones se quedan en meros pensamientos positivos y nunca se alcanzan esos sueños. Aprender a contrastar de forma efectiva mejora las habilidades para la resolución de problemas, la motivación y el autocontrol, por ende, trae grandes beneficios a nuestra vida personal y profesional.

Gabriele Oettingen, profesora de psicología de la Universidad de Nueva York, Estados Unidos, ha liderado buena parte de esta investigación, a la que ella llama: "La teoría de la realización de la fantasía". Su interés comenzó con algunos estudios en 1990, los cuales revelaron que el pensamiento positivista por sí solo puede ser sorprendentemente contraproducente. Oettingen se percató de que mientras más las personas fantaseaban sobre perder peso, menos probable se volvía su objetivo; por otro lado, los estudiantes que soñaban con el éxito académico tendían a sacar peores notas.

Las emociones que las fantasías despiertan pueden hacer sentir que se han cumplido los objetivos. Así lo comprobó Oettingen con los participantes del estudio, quienes al fantasear con sus metas se esforzaban menos por alcanzarlas.

A comienzos de los 2000, la experta investigó si con una simple revisión de la realidad se podía revertir la tendencia. Trabajando con colegas en Alemania, reclutó a cincuenta y cinco niños que estudiaban inglés. A algunos se les pidió escribir sobre los beneficios de dominar el idioma, una "fantasía positiva"; la tarea asignada a otros fue hacer la lista de los obstáculos para lograr ese mismo objetivo, una "realidad negativa"; y el trabajo de un tercer grupo fue combinar ambas cuestiones: analizar una fantasía positiva junto con una realidad negativa, una estrategia conocida como "contraste mental". Oettingen concluyó que los niños que realizaron la actividad de contraste mental progresaron mucho más en los tres meses siguientes.

Estos hallazgos han inspirado numerosos estudios. "El contraste mental está ahora muy bien investigado. Se ha demostrado que es muy útil para que las personas consigan sus metas en el deporte o en los negocios, por ejemplo", explica Katja Friederichs, psicóloga de la Universidad de Trier, en

Alemania. En todos los casos, la técnica parece reforzar la determinación y la capacidad resolutiva de las personas. "Para cumplir la mayoría de los deseos, hay que esforzarse en superar un obstáculo. El contraste mental ayuda a las personas a hacer eso", coincide A. Timur Sevincer, de la Universidad de Hamburgo, también en Alemania.

El resumen de esta investigación refuerza mis argumentos anteriores, en cuanto a que no solo debemos imaginarnos lo que queremos, no se vale solo fantasear, sino que hay que trazarse un plan de trabajo y utilizar el contraste mental. Creo que es natural que cuando queremos iniciar un proyecto o ejecutar una idea o emprendimiento, se nos vienen a la mente pensamientos sobre lo malo que nos puede ocurrir en el camino o el fracaso que podemos experimentar por uno u otro motivo, y la mayoría de las veces esos razonamientos negativos nos detienen, son ese freno que nos deja inmóviles y no nos permite ni siquiera dar el primer paso.

Pero si ponemos en práctica el contraste mental, de seguro vamos a trabajar por alcanzar y cumplir esos proyectos. Es pensar cuáles son los obstáculos que se interpondrán para impedirnos alcanzar esa meta, escribirlos y enseguida planear y trazar ese plan de acción, esa estrategia para superar esos inconvenientes, y así ponernos en acción.

Angélica Puello

La investigación referenciada nos hace un llamado a planear estratégicamente todo lo que queramos emprender o realizar en nuestra vida. Como muy bien lo dicen los investigadores, no es solo para un trabajo o un emprendimiento, es para todo lo que hagamos en nuestra vida; esas metas personales como bajar de peso, dejar un mal hábito o adquirir uno nuevo, es para todo. No es quedarnos solo con la fantasía, con las ganas de hacer, sino planificar y ponernos a trabajar inteligente y conscientemente por eso deseamos alcanzar.

**Trazarnos metas y trabajar por los sueños es beneficioso para la salud mental y para nuestra vida.** Nos da un enfoque sólido ya que tenemos una dirección hacia donde ir, nos permite obtener logros que nos motivan a seguir adelante, nos recuerda que somos las primeras que debemos aplaudir y celebrar nuestros éxitos, como ya te lo he dicho. El tener la mente en sequía solo produce pensamientos negativos y nos hace propensas a sufrir depresión, tristeza y ansiedad.

En cambio, cumplir una meta, por muy pequeña que se vea, nos regala mucha satisfacción, incrementa nuestra autoconfianza y nos anima a querer alcanzar más. Al tener metas y sueños nuestra vida tiene sentido, dejamos de vivir en automático, como zombis de la vida, nos sentimos motivados a levantarnos cada día con ese fuego y esa motivación para trabajar por nuestros objetivos. Aunque experimentemos fracasos o perdidas, los cuales van a llegar, esas metas nos van a impulsar a levantarnos, a esforzarnos un poco más para ser mejor y obtener el éxito.

Como te comenté en la semilla de la conciencia, cuando inicié mi vida laboral lo hice con muchos sueños, tenía una proyección y una visión muy ambiciosa, adicional, siempre quise ser independiente. Desde el año 2009 empecé a trabajar en el Network Marketing, un sistema que me permitió aprender mucho sobre los sueños y sobre cómo planear, también estudié con audios y libros acerca de los emprendimientos, la libertad financiera y el liderazgo.

Pero solo con soñar y planear no es suficiente, como hemos venido reflexionando, hay que ponerse en acción. Yo sé que trabajé, incluso hice este negocio con mi esposo y trabajamos juntos, pero muy poco se vieron los resultados; este tipo de negocio no es tan fácil como lo hacen ver, es de mucho esfuerzo, dedicación y paciencia, más cuando queremos hacerlo con nuestros conocidos; son pocos los amigos que quieren escuchar este tipo de información.

Trabajamos por años este negocio paralelo con nuestros trabajos convencionales, pero nunca llegamos al objetivo que nos habíamos trazado. Lo que sí puedo asegurar es que aprendimos mucho en ese camino y toda esa información nos abrió la mente con respecto a emprender, lo que luego nos sirvió para iniciar otros proyectos.

Así empezamos a emprender, yo vendía ropa, calzado, artículos de belleza y tecnología. Con todos esos negocios me iba muy bien, logré tener una buena clientela y sustanciales ingresos adicionales a mi salario mensual. Incluso en el 2015 pudimos hacer un viaje de vacaciones con esas ganancias.

Ya te había hablado de la pandemia en la semilla de la valentía, pero acá también debo referirme a ella. Para muchas personas la pandemia les trajo pérdidas, se cerraron negocios y quebraron muchas empresas, pero para otros fue un año de oportunidades, como fue el caso de nosotros, en ese tiempo tuvimos muchas bendiciones.

A mi esposo siempre le ha gustado estar en movimiento. Antes de que llegara la pandemia, él reparó la televisión de nuestra casa, tenía idea del tema y adicional se fue guiando con tutoriales de YouTube, en fin, logró arreglarlo y publicó un video en sus redes sociales. Luego reparó otro de nuestros electrodomésticos y una vecina le preguntó si le podía reparar el suyo. En conclusión, le empezaron a llegar clientes y todo lo hacía desde la casa.

Cuando llegó la pandemia parece que todos los televisores se dañaron. A nuestra casa empezaron a llegar más y más televisores, la teníamos llena de esos aparatos. Cuando ya no cabía uno más decidimos alquilar un local para trabajar desde allí y entonces nació nuestra empresa llamada Nefetronics.

Hicimos la publicidad nosotros mismos y el negocio tuvo tan buena acogida que al día de hoy sigue funcionando. El local que alquilamos era la habitación de una casa, luego nos tocó tomar otra, y así llegamos a tener casi la mitad de la casa; nosotros mismo hicimos remodelaciones y adecuaciones a nuestro gusto.

Este negocio es el fruto a nuestro esfuerzo y dedicación, del talento de mi esposo y del apoyo de las personas que creyeron en nosotros. Nos permitió ampliar la visión de la vida y que nuestra hija mayor Julieta también aprenda desde niña lo que es trabajar por los sueños, por lo que se quiere. En el año 2022, ya con el negocio fortalecido, mi esposo renunció a su trabajo, en el cual estuvo casi veinte años,

Angélica Puello

y se dedicó ciento por ciento a su emprendimiento. Luego yo tomé la misma decisión, como te conté en la semilla de la conciencia.

Ha sido un trabajo en equipo, porque han pasado muchas cosas, pero ahí hemos estado como familia para apoyarnos y levantarnos. Durante esos años quise seguir mis emprendimientos de ventas, pero como venía con la sequía en mi mente, nada se me daba, nada tomaba forma. Primero me imaginaba negocios, los ideaba en mi cabeza, algunos los empezaba a ejecutar, pero nada, no había acogida, era algo impresionante, ni una de esas ideas funcionaba. Yo me sentía invisible y me preguntaba cómo era posible que nadie me copiara y con esa frustración las cosas iban empeorando.

Llegue al punto de solo soñar en la mente, pero sin ponerme en acción y así cada vez me sentía fatal. El sentimiento de frustración fue en aumento, se incrementó, y al sumarle lo que vivía en el trabajo y todo lo que pasaba por mi mente, la frustración personal me empezó a consumir, me estaba acabando internamente.

Mis sueños se fueron apagando, así como mis metas, mi propósito de vida se perdió. Llegué al punto de no querer nada, de no tener visión, de no tener ambición, de no tener enfoque, solo iba como zombi, dejándome llevar por las circunstancias de la vida. Quedé estancada, quedé marchita.

Estaba tan marchita que solo consumía redes sociales, y lo que veía era pura información sin valor; estaba tan marchita que si veía un artículo importante de leer lo pasaba de inmediato, tenía tanta pereza mental que ni leer me nacía. Es impresionante el daño que nos podemos hacer si no tenemos una motivación, un propósito. Dejé de leer libros, después de que me gustaba tanto hacerlo, se me pasaba la vida viendo series y películas, podía durar un día completo pegada al televisor, no tenía aspiraciones, no tenía ambiciones, solo me dejé llevar.

Cuando renuncié a mi trabajo, mi único objetivo era seguir apoyando a mi esposo en el negocio y emigrar a los Estados Unidos para tener una mejor calidad de vida, pero la verdad no tenía una meta clara, no tenía un proyecto personal, no tenía un propósito, yo solo me iba a dejar llevar por las circunstancias, por lo que se presentara. Pero estando acá en los Estados Unidos, llegó ese punto de quiebre del cual ya te hablé, ese tocar fondo, y fue cuando decidí comenzar a florecer. Es en ese caminar que he logrado encontrar mi propósito en mi vida.

Angélica Puello

Mi niña interior me recordó lo mucho que me gustaba leer y escribir, mi esposo me lo reafirmó y me impulsó a que me dedicara a mis sueños, a lo que en realidad me apasionaba, a lo que encendía ese fuego. Así tomé la decisión de volver a escribir y un día di el primer paso, tomé mi libreta, un lapicero y empecé a plasmar ensayos y pensamientos. Lo hice al día siguiente y luego al día siguiente, hasta que se convirtió en hábito y no lo he dejado de hacer ni un solo día.

Lo mismo me pasó con la lectura, tomé la decisión de retomarla, también porque la necesitaba para poder escribir; empecé a leer con amor, con pasión. Esas lecturas las inicié en febrero de este año y a junio ya voy por mi séptimo libro, es algo que me impresiona y cada vez que termino uno y empiezo otro, me felicito, me aplaudo y siento una gran satisfacción. Mi mente empezó a florecer, esa disciplina me mostró qué quería para mi vida y cuál era mi propósito.

En la semilla del amor propio te hablé de esos pasos que me ayudaron a florecer, entre ellos, el de trabajar por el desarrollo personal. Aquí quiero contarte que comencé varios cursos y entre ellos, busqué uno que me guiara para escribir mi primer libro, porque ya me había trazado esa meta, ese era mi objetivo principal. Encontré un entrenamiento gratuito de una semana que me pareció superinteresante, más porque era gratis ya que en ese momento nuestros recursos estaban muy limitados.

Con emoción y entusiasmo comencé esa capacitación. Con libreta nueva y la mente dispuesta, amplié mis conocimientos, me dieron el enfoque que necesitaba, me orientaron a poder materializar mi sueño de forma correcta. Al final de la semana llegó el momento que a la mayoría de las personas no les gusta: tomar el curso completo y ese sí tenía un costo. Meses atrás yo no hubiera ni siquiera iniciado el curso gratuito, o no lo habría terminado, mucho menos hubiera considerado comprarlo, pero ya mi mente era otra, sentí que lo necesitaba, sentí que debía terminar lo que había iniciado, y eso hice.

Cuando ya estás viviendo con una mente florecida, todo se va alineando, si es para ti, las cosas sucederán. Pude tomar este curso, me fue posible pagarlo a pesar de la limitación económica que teníamos, y ha sido el motor que le ha dado un giro a mis proyectos. Me ayudó a encontrar el verdadero propósito y me permitió entender que si quería publicar un libro no lo iba a ser impulsada por mis emociones, sino que tenía que ser algo que aportara valor. Así que me olvidé de todo lo que tenía empezado y decidí comenzar de

Angélica Puello

cero, con convicción, con pasión y aquí estás hoy leyendo estas letras.

Sin embargo, mi propósito no ha sido solo escribir un libro, todo se ha ido moldeando, quiero llegar a esas personas que se encuentran en una situación similar a la que yo viví, por eso decidí llegar a ti, para regalarte esta luz, para regalarte estas semillas que te ayuden a florecer. Al día de hoy tengo otros proyectos, otros planes que estoy empezando a planificar y a trabajar por ellos, no me quiero quedar solo en esto, este libro solo es el vehículo para alcanzar muchas metas más.

Estas proyecciones, estos cambios que se han ido dando en este caminar, no solo se han dado por el curso que inicié, también porque empecé a encomendar a Dios mi proyecto, como dice la cita bíblica al inicio de esta semilla, y eso lo he hecho todos los días, encomendar a Dios mis sueños y Él ha sido quien ha moldeado todo.

Siento que Dios me ha hablado con mucha claridad en todo el caminar y proceso de este libro. Incluso cuando comencé el curso me dijeron que lo primero era tener el nombre definido, y ahí yo tenía un bloqueo mental. No podía precisarlo porque estaba un poco desenfocada y porque aún no le había encontrado el sentido y el objetivo al proyecto. Pero empecé a pedirle a Dios que me guiara y me diera de Su sabiduría; todos los días lo hacía, con mucho amor se lo pedía, hasta que una noche, mientras dormía, Él me respondió. Fue el mismo Dios quien me regaló el nombre de este libro, yo me desperté enseguida y me levanté, fui a la sala y lo anoté para que no se me olvidara. Así fue como este libro se volvió realidad.

En este camino y en este proceso me han sucedido cosas tan maravillosas que a veces me dejan sorprendida, es Dios actuando directamente. Aún sin que el libro saliera, yo ya había podido ayudar a personas para que empezaran a florecer. Por eso es importante que cada proyecto, cada paso que quieras dar se lo entregues a Dios, que Él sea tu guía, que Él sea quien lidere para que tu plan dé sus frutos y pueda llevar un propósito claro y beneficioso para alguien más.

Trazarme estas metas, soñar todos los días con lo que quiero lograr, trabajar por mis sueños constantemente, le han dado sentido a mi vida y a mi familia, porque este no es un trabajo de una sola persona, ha sido un trabajo en equipo. Me llena de mucha satisfacción recibir el apoyo de mis seres queridos, principalmente ver cómo mi esposo me respalda, me regala palabras de aliento, me felicita, me abraza. Igualmente, como mi hija Julieta me ayuda, me felicita, me colabora para que yo pueda trabajar: cuidando a su hermano, atendiendo la cocina o recogiendo los juguetes del bebé. Esas son muestras de amor y apoyo que me llenan de complacencia y me motivan a seguir adelante.

Me da felicitad también ver a mi hijo menor, Alejandro, imitando a su mamá. Se pone a escribir como yo, simula leer, o si ve una imagen o un video de alguien leyendo o escribiendo dice que esa es mamá. Toda mi familia me llena de satisfacción, me da aliento para seguir trabajando por este sueño y este propósito que Dios ha depositado en mi mente y en mi corazón.

Igualmente, agradezco el apoyo de los verdaderos amigos, esos que se alegran de corazón, esos que han estado ahí para alentarme, para escucharme e incluso para pedirme un consejo. Esos amigos también son ese combustible que me permite avanzar, que no dejan que me estanque o paralice. Ya nada puede permitir que me quede inmóvil, ya nada me puede impedir que me ponga en acción, porque ese fuego que hay en mí se enciende cada día más, también con esa motivación externa que estoy recibiendo.

Angélica Puello

Es bonito que te apoyen en la realización de tus sueños, asimismo apoyar a los demás en ese proceso, pero aún más bonito y satisfactorio es valorar, reconocer y admirar los logros de nuestras personas allegadas, ya sean familiares, amigos o compañeros.

Nos encanta ver videos de personas que se han superado, de quienes han logrado sus sueños y están teniendo éxito gracias a ello; nos gusta compartir esas historias en nuestras redes sociales y recomendárselas a los amigos. Pero por lo general son historias de famosos, de gente reconocida, de personajes de alto reconocimiento; sin embargo, las historias cercanas, las de ese familiar, de ese amigo que está alcanzando sus sueños, recibiendo los frutos de su esfuerzo, dedicación y disciplina, muy poco las reconocemos, no les hacemos propaganda, no las festejamos con orgullo, no las exaltamos en nuestras redes sociales porque para nosotros es normal y sencillo.

Hasta decimos: "ella/él es igual a mí, viene del mismo lado de donde yo vengo", les restamos importancia, cuando en realidad esas historias deben ser las más importantes, las que nos alegren más, las que nos llenen de orgullo. Esas son las experiencias que deberíamos contarle a los demás, porque alguien como yo, que viene del mismo lado que yo, está llegando a la cima, está siendo feliz por medio de su éxito, porque está viviendo eso que algún día soñó.

Creo que tienes muchas historias maravillosas de amigos o hasta de familiares, testimonios de superación que dejan una gran enseñanza y nos regalan ese aliento que necesitamos para dar ese primer paso, para no rendirnos, para decirnos: "si ella lo logró, yo también puedo", "si ella o él, a pesar de las adversidades, está donde está, yo también puedo llegar, también puedo superar esos obstáculos".

No tenemos que buscar tan lejos, no tenemos que rebuscar historias de famosos o de gente que no conocemos, porque tenemos esos relatos cercanos que nos van a dar esa fuerza, el testimonio de esa amiga que a pesar de pasar tantas necesidades en su niñez o adolescencia hoy está gerenciando una empresa o un proyecto, o logró abrir su propio negocio y es dueña de su empresa, de su tiempo, de su salario.

Que tal ese amigo que sueña con ser cantante y la está dando toda, desde abajo, para que sus canciones lleguen al público y ser reconocido; que lucha a pesar de las burlas, de los comentarios negativos, de la gente que lo incita a desistir diciéndole que no lo va a lograr porque es un medio muy difícil y no cualquiera logra el éxito; sin embargo, él sigue, él se

Angélica Puello

esfuerza, trabaja por mejorar y mostrar su talento porque sabe que llegará ese momento de brillar. Así hay muchas historias, pero en realidad nosotros mismos no les damos el valor.

Hoy quiero invitarte primero a revisar tus logros, las metas que te has propuesto y has alcanzado, anótalas en tu libreta, enuméralas; asimismo, escribe qué obstáculos venciste, cuál fue el esfuerzo que hiciste para superarlos. No se te olvide que terminar tu carrera universitaria fue un logro, así como pasar las pruebas para conseguir el trabajo que tienes ahora. Vas a quedar sorprendida con todo lo que has conseguido en el transcurso de tu vida; aplaude cada uno de esos triunfos, no le restes valor a ninguno, abrásalos.

Ahora, revisa esos sueños que has dejado guardados en un rincón lejano de tu corazón por las razones o circunstancias que sean, tráelos a tu presente, anótalos, verifica que tan cumplibles son, analiza los obstáculos que se te puedan presentar para no hacerlos realidad. Enseguida, traza un plan de acción para superar esos inconvenientes, para alcanzar esas metas; ponle una fecha límite para cumplirlas.

Si el sueño es muy grande o ambicioso, lo ideal es dividirlo en etapas o metas pequeñas, que sean alcanzables a corto o mediano plazo y te lleven a ese sueño grande. Plantea ese plan de acción, ese cronograma de trabajo para que empieces a ejecutarlo. No te dejes limitar por el tiempo o por el dinero, que no sean motivos para no pelear por tu sueño.

Imagínate alcanzando ese sueño. ¿Se te acelera el corazón?, ¿sientes un fuego que te quema por dentro de la emoción y la felicidad?, ¿cómo te ves en esa imagen?, ¿te ves feliz? Experimenta ese instante desde tu imaginación, visualízalo como un hecho cumplido, visualiza el camino que has recorrido para conseguirlo, visualiza a las personas que te han apoyado durante todo el proceso, visualiza quienes son los que están ahí contigo celebrando ese éxito. Siente desde ya todas esas emociones, toda esa energía que se destila en ese momento, apodérate de ella, aprópiate de ese instante, hazlo tuyo y solo tuyo.

Seguro que te estás sintiendo muy emocionada, yo tan solo con escribirlo me emociono, siento esa energía, esa felicidad de saber que tú estás leyendo mi libro, de saber que mi libro ya se está vendiendo a grandes multitudes, de saber que mis palabras están tocando corazones y permitiendo a muchas mentes florecer. ¡En estos momentos siento ese fuego que me quema por dentro!

Angélica Puello

Me exalto de alegría y de emoción solo con visualizar el día que llegue a mis manos este libro terminado, con imaginar compartiendo esta felicidad y esta plenitud con mi familia, con visualizar todo lo que se viene después de publicar este libro, porque son muchas las metas y proyectos que tengo para después de su lanzamiento; desde ya me estoy preparando, desde ya estoy trabajando para lograr grandes aciertos.

Si me hubieras preguntado ocho meses antes cuáles eran los planes de mi vida para el 2023, de ninguna manera habría respondido que iba a escribir mi primer libro, tampoco, que me prepararía para ser una gran líder, una coach extraordinaria, porque quiero impactar muchas vidas. No se me pasaría por la cabeza decirte que deseo ayudar a que muchas mentes florezcan en el mundo a través de mi historia, a través de mis letras; no, para nada, eso no estaba en mi agenda, no estaba en mi mente.

Sin embargo, aquí estoy hoy, con otra visión, con otra perspectiva de la vida, de mi vida, con ganas de comerme el mundo y de hacer todo lo que no hice durante los últimos años. Así es la vida, sin darte cuenta, te da muchas vueltas, te cambia inesperadamente, para bien o para mal. Está en ti tomar la decisión de hacer que ese cambio sea positivo, está en ti despertarte, empezar a nutrir tu mente con lo positivo y lo bonito de la vida y del mundo, para que empieces a florecer, para que des frutos, para que vivas la vida que quieres y no la que otros te imponen.

Por todo lo anterior, quiero en esta semilla exaltar historias de vida y de superación de algunas amigas y de mi familia, porque sé que ya tú has visto miles en las redes, pero ahora vas a conocer narraciones cotidianas, que también inspiran, que también llenan de orgullo y que proclaman ese llamado o ese grito a la acción.

Quiero empezar por hablar de una gran amiga que conocí en el trabajo, no menciono su nombre porque me pidió que no lo hiciera. Ella y yo llevamos más de diez años de amistad, te puedo decir que hemos crecido y madurado juntas en lo personal y en lo profesional.

Mi amiga viene de una familia conformada por papá, mamá y tres hijas, ella es la menor. La mamá es ama de casa y el papá fue mensajero y vigilante, hoy día es pensionado. Con su trabajo y esfuerzo ellos sacaron a sus hijas adelante. A pesar de que en su infancia y adolescencia sufrieron limitaciones económicas y no podían tener todo lo que sus amigos o familiares disfrutaban, las tres hijas lograron ser profesionales

Angélica Puello

porque empezaron a trabajar desde muy jóvenes para pagarse sus estudios universitarios.

Mi amiga se graduó cuando estaba trabajando conmigo, igual que yo, y siempre ha tenido sus metas claras. Lo que me gusta de ella, y por eso la menciono aquí, es que va a su paso viviendo su proceso; sin importarle lo que digan u opinen los demás, ha sabido lo que quiere. Aunque no ganaba un gran salario aprendió a administrar su dinero, lo hacía rendir, planeaba sus vacaciones porque le gusta viajar. Y así, paso a paso, con sus metas claras ha logrado y obtenido todo lo que se ha propuesto.

Ella es soltera, y así sola, se pudo comprar su apartamento y tiene varios años viviendo independiente. Luego se propuso estudiar una especialización en lo que le gusta, no se dejó llevar por los comentarios de los demás, y ahora que terminó obtuvo un ascenso en la empresa. Ha sido un logro maravilloso, lo hemos celebrado juntas a pesar de estar a la distancia, yo me alegro de sus triunfos, porque sé que ella se siente plena, feliz, porque hace lo que le gusta. Ella está disfrutando de su trabajo, de lo que le apasiona.

¿Y sabes por qué? Porque aparte de ser disciplinada, de tener metas claras, es una persona con la mente abierta,

Angélica Puello

dispuesta a aprender. Ella investiga, busca aquí y allá, le encanta llenarse de información valiosa y todo ese aprendizaje la ha llevado donde está. Su camino apenas va por la mitad, sé que va a llegar más lejos porque tiene sus metas claras.

Recientemente me dijo: "revisando mis metas del año, ya voy por el cincuenta por ciento". Eso es algo único, no todos llevamos nuestras metas de esa manera, no todos somos así de organizados. Por eso hoy la exalto, celebro sus logros y le dedico este espacio, porque es un ejemplo de superación, de esfuerzo, de que, si quieres algo, si lo planeas y si te dedicas a trabajar incansablemente, lo vas a lograr. No se sabe si será un proceso rápido o lento, pero lo que sí es seguro es que lo vas a alcanzar.

Ahora te voy a hablar de otra mujer, una mujer determinada, con metas claras, con pensamiento abierto, llena de sueños y lo más importante, siempre ha puesto a su mente a trabajar en pro de esos sueños, no se ha dejado derrumbar por nada ni por nadie. Durante todo su camino se ha fortalecido, se repite constantemente cuál es su objetivo y así ha permanecido firme con sus ideales.

Esta mujer se llama Sandra Narváez, la conocí cuando era muy joven. Ella tiene un gran carisma, todo el tiempo regala una sonrisa y mensajes positivos a sus alumnas. Nuestro encuentro se produjo en la primera escuela de fútbol de mi hija Julieta, ella era su entrenadora. Desde que llegamos ese primer día hubo una gran conexión entre nosotras.

Cuando mi hija llegó a esa escuela, en marzo del 2015, apenas tenía ocho años de edad y era la única niña pequeña del grupo. Sandra la acogió con mucho amor y la ayudó a que se sintiera acogida, como en casa.

Sandra viene de una familia conformada por su mamá y su papá. Como su papá fue profesor, tuvo que trabajar en corregimientos lejos de casa, mientras que su mamá cuidaba del hogar como ama de casa. A pesar de que su papá no podía estar todo el tiempo a su lado, le impartió muchas enseñanzas y valores; para ella él ha sido su ejemplo a seguir.

Desde pequeña, Sandra mostró su interés por el fútbol, así que jugaba con los niños del barrio y soñaba con ser profesional en ese deporte. A los catorce años hizo parte de la Selección Bolívar de Fútbol de Salón, donde se destacó como mejor jugadora y goleadora en los juegos intercolegiales. En el 2015 llegó a ser entrenadora de la escuela de fútbol donde estaba mi hija, la "Escuela Toty", pero ese mismo año decidió dar un salto hacia uno de sus sueños: creó su propia escuela de fútbol femenino llamada "La Villa F.C.", dedicada a formar niñas desde los seis años de edad.

Sandra no ha dejado de capacitarse para brindarle la mejor educación deportiva a sus alumnas. Ella siempre ha soñado en grande, por eso cada reto que se ha trazado lo ha alcanzado. Por ejemplo, logró ser parte del cuerpo técnico de entrenadores de la Selección Colombia de Fútbol Femenino Sub-17, incluso de las mayores, también, este año fue contratada para ser la técnico de la Selección de Bucaramanga en la liga profesional.

Su escuela ha crecido todos estos años y ha preparado jugadoras para equipos profesionales de la liga nacional y también convocadas a la Selección Colombia Femenina. Sandra sigue cosechando éxitos y experiencia en su carrera, ella continúa soñando en grande, convencida de que si lo crees lo puedes lograr, y consciente de que se debe trabajar por lo que se quiere. Hoy es una mujer reconocida en el fútbol colombiano y sigue aportando su grano de arena para que el fútbol femenino crezca y dé frutos en el país.

También quiero reconocer la vida de Zulay Amador, una gran amiga. Nos conocimos hace más de doce años en la empresa donde trabajábamos, pero desde finales del año pasado nos hicimos más cercanas. Ella ha sido esa persona que me escucha y fue la primera en saber que escribiría un libro; yo le compartía mis primeros escritos para que los leyera y me diera su punto de vista. También hemos compartido nuestros sueños durante este año, nos hemos motivado mutuamente, aconsejado y apoyado. A pesar de la distancia, yo la he sentido aquí cerca de mí.

Zulay creció con la mamá y una hermana mayor, pero su vida no fue fácil. Su hermana falleció de una forma extraña, hasta el día de hoy se mantiene la incógnita de qué le sucedió realmente; ella dejó dos niños pequeños. Luego murió su mamá de una enfermedad hepática. Estos dos hechos marcaron la vida de Zulay.

Igual que yo, Zulay empezó a trabajar desde muy joven y estaba llena de sueños, pero al tener a su primer hijo, a los 21 años, se centró en trabajar para que a él no le faltara nada, ya que era madre soltera. Después de su primer hijo, Zulay conoció al que hoy día es su esposo y con él tuvo dos niñas más, entonces se dedicó a trabajar más y más por su familia, la cual ha formado con mucho esfuerzo, dedicación y amor.

Zulay no es una mujer de quedarse quieta, siempre busca más, así que durante estos años que tenemos de amistad he visto que ha probado toda clase de negocios y emprendimientos para tener ingresos adicionales, también en busca de ese negocio que le permita ser libre económicamente para no depender de un trabajo fijo; ella y yo hemos estado en la búsqueda de ese vehículo que nos lleve a la libertad financiera, nos hemos educado para eso, pero hemos fallado en el intento.

Este año también ha sido determinante para Zulay, yo creo que por eso nos hemos unido tanto. Ella tocó fondo, llegó a un punto de quiebre y tuvo que hacer un alto en el camino para pensar detenidamente lo que quiere con su vida y cómo desea lograrlo. Han sido batallas grandes porque su familia y sus compromisos están de por medio, pero está ese sueño que es aún más grande.

Por primera vez ha decido pensar en ella, ponerse en primer lugar, ser la protagonista de su vida. Ha dedicado muchos años a otros, primero trabajando por los sueños de los demás y segundo cuidando y protegiendo sus hijos y su hogar. Ha sido esa mujer entregada ciento por ciento a su familia, que piensa solo en ellos, y se ha dejado a sí misma en el último lugar de sus prioridades. Pero llegó su momento.

Angélica Puello

Con determinación, con miedos, con la mente llena de pensamientos y revoloteando como un torbellino, decidió dar ese primer paso por sus sueños e iniciar con firmeza un plan de trabajo sólido, con unas metas claras y visualizadas. Ella está trabajando en su emprendimiento, un negocio de Network Marketing que emprendió como nunca antes lo había hecho, a pesar de las adversidades, a pesar de no contar con todo el dinero para hacerlo ni con el tiempo suficiente, a pesar de que sigue protegiendo y cuidando su hogar.

Zulay empezó pisando fuerte y con pasos firmes y seguros. Ha ido escalando, ha logrado lo que se ha propuesto, y sé que cumplirá su objetivo, porque como le he dicho todo este año, este es su tiempo, es su momento, es la oportunidad de ser la protagonista de su vida. Ya se está acercando la hora de renunciar a su empleo para dedicarse ciento por ciento a lo suyo, a lo que le apasiona, a lo que le inspira y le hace arder el corazón, porque con este negocio ha ampliado su mente y ha empezado a marcarse nuevas metas.

Mi amiga ha venido trabajando su mente durante este año, porque ella también ha dudado de sus capacidades, ha sentido que no está bien lo que hace y lo quiere mejorar. Y está bien que se rete, pero a veces se le olvida celebrar sus logros, felicitarse por cada escalón que sube, porque lo ha hecho con mucho esfuerzo, compromiso y disciplina. Así que constantemente se lo recuerdo: "celebra tus logros", "no te des látigo tu misma", "lo estás haciendo excelente", "Estás avanzando y lo vas a lograr".

Ella va en este camino, viviendo su proceso, con los oídos sordos a comentarios negativos y a burlas, a todo lo que no sume y a esas personas tóxicas que solo están para criticar y apagar los sueños de los demás. Ella sigue firme, creciendo, avanzando hacia ese sueño que tiene claro y marcado; continúa aprendiendo y capacitándose porque sabe que sin conocimientos no lo puede lograr. Ya Zulay es consciente de lo que quiere y no hay nada ni nadie que la pueda detener.

De la misma forma como a Zulay le llegó el tiempo de darse un stop para dedicarse a pensar qué era lo que en realidad deseaba para su vida, así hay muchas personas. Tengo varias amigas y amigos que están en esa coyuntura de su vida, pero que aún no deciden ponerse en acción. Kelly y Kimberly son dos amigas que están en ese punto de quiebre, pero decidieron prepararse y planear cómo van a dar ese gran salto por sus sueños.

Kimberly está dando pasos pequeños pero seguros. Me encanta su proceso, porque ella junto con su planeación está nutriendo su mente. Todos los días escucha dosis que la ayudan a superarse, que la motivan y conversa conmigo acerca de sus planes y de varias circunstancias de la vida. Hemos analizado diversas perspectivas que nos han nutrido a las dos. Ella se está fortaleciendo mentalmente porque cuando dé ese salto, lo va a hacer con mucha seguridad y determinación.

Por su parte, Kelly también está en proceso de planeación, se está organizando para avanzar. Converso mucho con ella para que se mantenga motivada, para que se llene de valentía, para que piense en ella y en sus sueños, para que encuentre el propósito de su vida y se le encienda ese fuego en el corazón. Como a todos, le rondan miedos que atormentan su mente, pero Kelly se está fortaleciendo para dar su gran salto a pesar de esos temores.

Kelly sabe que el mundo tiene muchas posibilidades para ella, que aún no lo ha explorado todo, que tampoco ha explotado su talento ni su carisma. Eso es lo que está planeando ahora, lo que la está sacudiendo, lo que le está gritando: "ponte en acción", "muévete". Sé que ella lo va a lograr, sé que va a superar todos los obstáculos que se le atraviesen porque está determinada y porque su mente le está diciendo: "no permitas que me marchite más", "no dejes que

Angélica Puello

llegue a esa sequía". Ella la está escuchando y por eso está decidida a actuar por esos sueños.

Quiero primero con estas cinco historias animarte a reconocer la vida de esas personas que tienes cerca de ti, de esos seres que amas y hacen parte de tu entorno. En ocasiones la mirada se nos va muy lejos para admirar vidas lejanas cuando las que tenemos cerca son las que más nos motivan y nos llenan de valentía para movernos y trabajar por nuestros sueños.

Segundo, quiero mostrarte que cada proceso es diferente, que cada persona tiene sueños distintos, que cada uno se cumple en su tiempo, pero que todos son válidos e igualmente importantes y perfectos. Por eso no debes compararte con los demás, no debes sentirte mal porque otra persona logró algo primero; ese fue su tiempo y su proceso, pero el tuyo es diferente. Hay que tener paciencia, escuchar tu mente y corazón, ponerte en acción, porque las metas, los sueños no van a cumplirse solos, no van a llegar a tocar la puerta de tu casa, hay que planearlos y trabajarlos con mucho esfuerzo y dedicación.

Cuando llegue tu momento lo vas a reconocer porque vas a estar inquieta, con ganas de más, con deseos de moverte.

Angélica Puello

Así que solo confía en tu proceso, celebra cada logro que alcances, motívate todos los días y no te des por vencida, porque la vida tiene muchas oportunidades y bendiciones para ti.

Quiero terminar esta semilla dedicándosela a mi hija Julieta, una niña con su sueño claro. Desde los siete años demostró qué era lo que le apasionaba, qué le llenaba de vida: un balón de fútbol. A los ocho años encontramos una escuela para niñas y ahí empezó su carrera hacia la conquista de su ideal. Durante ocho años ella se ha dedicado a su sueño, a su pasión; lo hace con total disciplina y con todo amor.

En Colombia, Julieta representó al departamento de Bolívar con la selección. Ahora que ya tiene dieciséis años está más centrada, se dedica casi ciento por ciento a su pasión, entrena sola en sus tiempos libres y está en el equipo de fútbol del colegio, donde este año le entregaron el premio a la jugadora más valiosa de la temporada. También está jugando con un club de fútbol acá en Estados Unidos.

Ella tiene claro lo que quiere alcanzar y a dónde quiere llegar, también su proceso y que todo llegará en su tiempo. Se sigue preparando y mi esposo y yo la apoyamos en todo, le damos soporte emocional, la nutrimos con nuestros consejos,

Angélica Puello

con palabras de motivación y con toda la información relevante que encontramos en las redes sociales.

Esta semilla se la dedico a mi hija porque sé que va a lograr cada meta que se proponga, porque sé que ella va a llegar a ser grande, porque sé que esto es lo que la apasiona y la hace despertar a las cinco de la mañana para entrenarse, para fortalecerse físicamente. Ella sabe que debe salir en busca de sueño, que debe trabajarlo y que lo va a convertir en realidad.

Todos tenemos sueños, todos tenemos metas, pero no todos nos atrevemos a pelear por ellos. No te dejes llevar por lo que dice el mundo, no dejes apagar tu sueño por lo que opinan los demás, no dejes que tu mente se marchite por la rutina y que ese sueño se desvanezca. Nutre tu mente, nutre ese sueño, sacude la mente y el corazón para que empieces ese proceso que te va a permitir alcanzar tus ideales. Recuerda, lo más importante es disfrutar el proceso, es vivirlo al máximo con mucha pasión, porque es en el proceso donde vas a crecer, donde vas a evolucionar, donde te vas a transformar.

Angélica Puello

*De mi cuaderno de promesas para ti:*

## Despertando tu yo soñador

Siempre te has entregado a los demás.

Has sido incondicional para tu familia y para tu pareja. Has renunciado a muchas oportunidades para no afectar a otros.

Por años has aplazado tus sueños y tus ilusiones. Sientes que persigues los sueños de otros, no sabes, no recuerdas en qué momento te desviaste del camino.

Te has sacrificado tanto y no recibes tu recompensa. Hoy te sientes vacío, perdido y frustrado; pero tu corazón empieza a latir fuerte, los pensamientos en tu mente van a millón.

Sientes una energía en todo tu cuerpo, sientes algo en tu interior que quiere estallar. Quieres correr, quieres volar, se ha despertado en ti ese deseo de perseguir tus sueños, de luchar por ellos, de defenderlos de todos los que con sus palabras y acciones quieren callarlos.

Angélica Puello

Hoy te estás enfrentando a tus temores, a la vida misma, a las circunstancias que te han estado arrastrando todo este tiempo.

Hoy estás levantando tus alas y despegando con el viento en contra, pero con el corazón lleno de ilusiones, ensanchado de felicidad por esas metas que te has propuesto.

Ahora estás pensando en ti, por fin te pones en primer lugar, te estás dando esa importancia, te estás regalando ese amor que te va a permitir llegar lejos y vencer todos los obstáculos que se te atraviesen. Y si te caes, ese amor te hará levantar, sacudirte y seguir adelante; no te va a permitir pensar en rendirte, no hay cabida para eso, porque lo estás apostando todo por tu felicidad.

---

*¡Sacúdete y despierta esos sueños! ¡Lucha por ellos!*

*¡Trabaja por tu felicidad!*

---

Angélica Puello

## *Tu cuaderno de promesas:*

_____
_____
_____
_____
_____
_____
_____
_____
_____
_____
_____

Angélica Puello

# 6 SEMILLA DE LA ESPIRITUALIDAD

*"Pero yo soy como un olivo verde que florece en la casa de Dios; yo confío en el gran amor de Dios eternamente y para siempre."*

*Salmo 52:8 (CST).*

El amor de Dios es maravilloso, es único y capaz de dar vida donde hay muerte, de hacer florecer a pesar de la sequía, aun cuando la semilla caiga en tierra árida; porque para Él no hay imposibles y siempre quiere lo mejor para sus hijas amadas. Si nos dejamos amar y consentir por Dios, nunca nos faltará nada, no llegará la soledad ni la tristeza, sabremos amarnos y respetarnos, viviremos con esperanza y con alegría, lograremos cultivar sueños y metas.

Es el amor de Dios la sangre que corre por nuestras venas, el alimento que nos sacia el alma, el oxígeno que necesitan los pulmones para respirar, la luz que ilumina y calienta nuestras vidas, motor que nos mantiene vivos espiritual y emocionalmente.

Angélica Puello

Durante todo este camino te he hablado de las maravillas de Dios, te he estado mostrando como Su amor es primordial para este proceso, por eso te regalo una semilla de la espiritualidad, porque para florecer necesitas una conexión de mente, cuerpo y espíritu. Ya has trabajado tus emociones y los hábitos para mantener tu cuerpo sano, ahora tienes que trabajar tu área espiritual, conectarla con todo tu ser, con tu mente y cuerpo para que así tu vida florezca.

La mayor parte de mi vida he estado en relación con Dios, pero ha habido tiempos cuando me he perdido, me he dejado llevar por diferentes circunstancias y me he apartado de Él. También pasé por esa temporada de estar en discusión con Dios, cuando lo culpaba por todo lo que me pasaba, cuando me sentí abandonada de Su amor porque no veía salida y mi vida la consideraba perdida.

En ese tiempo de oscuridad me la pasaba reprochando mi vida, quejándome de todo; lo que me ocurría lo veía de forma negativa, mi mente solo trabajaba en esa frecuencia y no lograba ver nada bueno o positivo, no podía percibir esa luz. Fue ahí cuando mi mente empezó a secarse, a marchitarse porque aparté de mi vida todo lo bueno; me alejé de los buenos hábitos, me dejé consumir por ese síndrome del impostor y, más grave aún, me había divorciado de Dios, había cortado esa relación, ese vínculo con Él.

Al estar en ese divorcio perdí las esperanzas, perdí los sueños, perdí el sentido de la vida, porque es el amor de Dios, es esa relación íntima con Él, la que te da esperanza, son Sus promesas las que te dicen que todo va a estar bien, que no estás sola, que por más que este mundo te traicione, o te trate mal, Dios siempre está ahí, dispuesto a amarte, a abrazarte, a consolarte y a apoyarte en todo lo que decidas emprender. Un día yo había decidido dejar a un lado todo eso y escuchar esa voz interna que me fue lanzando por el abismo hasta hacerme caer en un pozo profundo.

Pero Dios nunca se olvida de sus hijos, Él no los abandona ni aparta Su mirada, Él está ahí, con los brazos abiertos, esperándonos, como al hijo pródigo, preparado para hacer un banquete y celebrar ese regreso, y al ver que llegamos con un corazón arrepentido y dispuestos a sanar, Él no duda en regalarnos su perdón, no nos juzga, nos abre la puerta de Su casa para que cenemos junto a Él los frutos de Su amor.

Angélica Puello

En la semilla del perdón te hablé de mi momento más difícil, de ese fracaso en mi matrimonio y de cómo logré encontrar enseñanzas de ese fracaso, de esos errores cometidos. En esta semilla quiero contarte cómo, luego de quedar sin nada, de tener solo a mi hija, Dios restauró mi hogar, Él nos regaló esa segunda oportunidad para empezar desde la experiencia. Ahora, agarrados de Su mano, ya no seríamos dos, sino tres en nuestro matrimonio.

Mi esposo Néstor y yo duramos un año separados, cada uno viviendo su vida, nuestro único vínculo era nuestra hija Julieta. Yo por mi parte, como te conté en la semilla del perdón, disfruté mi soltería, pude crecer y reencontrarme como mujer, y ante los demás me sentía feliz y plena. Sin embargo, muy en el fondo de mi corazón sentía que me faltaba algo, que mi vida no debía terminar así, pero no me atrevía a reconocerlo, ni a profundizar en ese sentir. Como Dios hace todo perfecto y llega de la forma en la que uno menos se imagina, a través de la persona menos pensada y en el tiempo en que no lo estás buscando, intervino en mi situación.

Dios me regaló Su mensaje y Su palabra por medio de mi primo Daniel. Una noche me encontraba fuera de la ciudad con él y su familia celebrando su grado de cirujano. Él, como siempre ha sido un hombre sabio, empezó a aconsejarme acerca de la vida, hasta que tocó el punto del matrimonio, del hogar, y mencionó la cita bíblica: *"La mujer sabia edifica su casa; más la necia con sus manos la derriba"* **Proverbios 14:1 (RV60).** Quedé muy sorprendida e impactada, primero porque él no es una persona de hablar de la Biblia y segundo, porque esas palabras tocaron profundamente mi corazón, yo sabía que tenía mucho que mejorar como mujer, como esposa y como madre.

A raíz de esa conversación quedé con el corazón tocado e inquieto y al llegar a mi ciudad decidí buscar ese cambio en mí y analizar si debía darme esa segunda oportunidad de restaurar mi hogar. Le comenté la inquietud a una gran amiga, Angélica Cerro, y ella me llevó con otra gran mujer, la señora Rocío, que tiene una gran espiritualidad y Dios la usa para llevar ese mensaje de amor y de restauración a muchas personas.

Con la señora Rocío inicié un proceso de sanación y de perdón, luego conversé con mi esposo acerca de lo que estaba haciendo y lo invité a que hablara con ella. Él decidió emprender también su proceso y posteriormente lo hicimos los dos con el propósito de restaurar nuestro matrimonio. Fue

Angélica Puello

muy doloroso avanzar en ese recorrido, pero a la vez logramos vivir la sanación interior que necesitábamos, perdonarnos tantas ofensas y humillaciones y darnos esa segunda oportunidad, pero ahora desde el amor de Dios.

Durante todo ese proceso yo le pedía a Dios en oración que me hiciera una mujer nueva y que a él también lo transformara en un hombre nuevo, y así sucedió. Dios fue restaurando todo lo que estaba dañado y agrietado, dando vida a lo que estaba seco y marchito, y llenó cada vacío que había en nuestra vida y en nuestra relación.

Cuando nuestros asesores espirituales, junto con la señora Rocío, vieron que estábamos listos para formar nuestro hogar otra vez, lo hicimos, con mucha ilusión y expectativas; fue así como le dimos paso a un nuevo hogar, un nuevo matrimonio. Por eso siempre recordaré el 7 de agosto de 2013, porque fue ese día que renació nuestro hogar, nuestra familia, agarrados de la mano de Dios e inundados de Su amor.

Después de esa fecha sobre nuestra vida llovió bendición y prosperidad, en nuestro hogar solo se respiraba paz y amor. Durante los años siguientes nos llegaron pruebas, volvimos a cometer errores, pero esta vez éramos más maduros y responsables, aprendimos a sanar y a pensar antes

Angélica Puello

de tomar una decisión de la cual nos podíamos arrepentir más adelante.

A raíz de este milagro de amor de Dios para con mi familia, decidí defender siempre los matrimonios, las uniones de pareja. Le he contado mi testimonio a amigos y conocidos para que no desistan, para que no bajen los brazos y peleen por su hogar, sobre todo, que le pidan a Dios por ese hombre o esa mujer nueva, porque sí se puede lograr.

Desde que recibí ese versículo de parte de mi primo, cada día lo repito en mi mente y me digo: no quiero ser una mujer necia, quiero ser sabía, edificar, unir, construir, amar y respetar mi hogar y mi matrimonio.

Deja que Dios te sorprenda, aprende a escuchar Su mensaje, a veces buscamos y buscamos, pero Él nos encuentra cuando menos lo esperamos. Aún me sorprendo como Dios usó a mi primo para encender esa inquietud en mi corazón, para avivar ese fuego en mi mente que me repetía a cada instante: "debes construir tu hogar", "debes edificarlo nuevamente, pero esta vez con bases sólidas". El único que podía regalarme ese fundamento era Dios con Su amor y Su perdón.

Angélica Puello

Tal vez te estés preguntando: "¿cómo relacionar todo esto con florecer mi mente?" En Psicología y en las psicoterapias se trabaja con el área espiritual, porque los estudios han demostrado que entender los valores espirituales de las personas ayuda a conectarse mejor con ellas en su forma de pensar y de sentir, lo que a la final favorece mejores resultados y experiencias de vida.

También se habla de terapia espiritual integrada, que no busca inculcar una religión específica, sino trabajar de acuerdo a la fe de la persona, para ayudarla a encontrarse con sus recursos espirituales. Con la espiritualidad se pretende que el individuo alcance esa conexión con un ser superior, quien lo va a ayudar a enfrentar su situación; en mi caso ese ser se llama Dios.

Es en esta conexión y en este caminar con Dios que tu mente empieza a florecer, porque esa fe te va a llenar de esperanza, de paz y de luz, y te va a permitir alcanzar el estado de plenitud que tanto has anhelado.

*"Porque la mente puesta en la carne es muerte, pero la mente puesta en el Espíritu es vida y paz" Romanos 8:6 (LBLA).* Este versículo lo explica todo, no podemos quedarnos solo con lo de este mundo, pensando que lo que nos da es lo

verdadero y lo mejor para nosotros. Hay un Dios que nos regala su Espíritu, ese Espíritu nos da vida y paz, y esa es la paz y la vida que necesitamos para florecer, para que nuestra mente no deje de hacerlo nunca.

Al vivir en armonía con Dios y con Su Espíritu, tu mente solo te va a transmitir pensamientos de amor, de paz y de unidad. Te permitirá reconocerte como esa mujer llena de luz, resplandeciente, florecida, que con cada palabra que sale de su boca, con cada gesto, con cada mirada, con cada sentir, esparce esas semillas de amor, de gratitud, de paz, de perdón y de esperanza.

Esas semillas son las que edifican y regalan ganas de vivir, de continuar el camino, de no quedarse estancada, sino de buscar más, más de eso bueno, de eso que no se encuentra en cualquier lugar, de eso que sí te sacia, que te llena el alma y el espíritu, y se refleja en tu cuerpo. Todo eso es lo que te regala esa conexión con Dios y con Su Espíritu.

Al conectar tu mente con tu corazón y tu espíritu, puedes lograr vivir en un estado de paz, en un estado de plenitud. Pueden llegar los problemas, las pruebas, las dudas y vas a poder encontrar en tu interior esa serenidad. ¿Y cómo lo haces? No es complicado, pero sí es un proceso.

Angélica Puello

Te había pedido que iniciaras tus días con una oración de agradecimiento y leyeras la Biblia. Ahí empezaste este proceso, porque es ese conocimiento y esa sabiduría que encuentras en la Biblia lo que va a ir transformando tu mente, tu corazón y te abrirá el entendimiento espiritual. Y es esa oración de agradecimiento la que cambiará tus pensamientos de negativo a positivo, y no tanto a positivo, sino a pensamientos de amor; en la gratitud logras ver lo hermoso de la vida, de tu vida y de la vida de quienes te rodean.

Por eso, la última semilla es la de la gratitud, porque vas a permanecer en gratitud después de leer y vivir este libro junto conmigo todos los días de tu vida. No pienses que es imposible, yo lo he logrado, y en poco tiempo, pero ha sido con constancia y con el corazón y la mente abiertos y dispuestos.

Cuando empecé mi proceso de florecer veía mi vida de esta manera: era una mujer con la mente y los pensamientos secos, que se había quedado sin palabras profundas para poder sostener una conversación. Me di cuenta de que, si alguien quería dialogar conmigo, yo me quedaba corta, no sabía qué decir o qué aportar.

Siempre se me han acercado las personas para contarme sus situaciones, pero llegó un momento en el que no sabía qué consejo darles o qué palabra pronunciar para tocar su corazón. Cuando decidí iniciar mi sueño de escribir, me di cuenta de que me faltaba mucho conocimiento para lograr inspiración y para que de mi mente salieran palabras, frases y oraciones elocuentes para un escrito.

Si te puedes dar cuenta, todo este proceso ha sido de análisis y de reflexión, de viajar por mi mundo interno, de reconocerme como lo que soy en realidad, sin mentiras ni tapujos; fue ahí cuando decidí empezar a leer, a llenarme de información valiosa que enriqueciera mi mente, y a limpiar cuanta basura había adquirido durante los últimos años.

No leía únicamente libros de diferentes autores, decidí leer la Biblia, porque ella no solo contiene la historia de Jesús, o ese mensaje de amor y de perdón, también historias maravillosas de fe, de perdón, de lucha, de victoria, de esperanza; vivencias que parecen sacadas de una película. Yo sabía que al leer la Biblia me iba a enriquecer mucho y también esas historias me iban a hacer volar la imaginación.

Fue en ese viaje que inicié donde fui descubriendo la sabiduría de Dios, donde Él me sorprendió porque no solo quería que me llenara de conocimiento, sino que, como todo lo de Él, había mucho más. En ese renacer en Su Espíritu, me fue transformando, me tomó en Sus manos y me fue moldeando a Su manera. Sin darme cuenta, me moldeaba con amor, con sutileza, hasta que empecé a ver por medio de Su Espíritu, por medio de su amor. Ya no veía, ni escuchaba, ni sentía, ni vivía con los ojos, con los oídos, con el corazón y los sentidos humanos, sino que lo hacía con los sentidos de Dios y de Su Espíritu.

Todo eso se empezó a reflejar en mi sonrisa, en mi actuar, en mi hablar, en mi escribir, en la actitud que tomaba ante la vida y las circunstancias que se están presentado en este tiempo. Se reflejaba esa luz interna de Angélica que viene desde lo más profundo de mi ser, esa luz que solo Él puede regalar, esa luz resplandeciente.

Mi transformación ha sido maravillosa, ha sido lo más hermoso que Dios me ha regalado, solo puedo admirarme al ver que no soy la misma, que no soy para nada esa Angélica vieja, pesimista, criticona, apagada. No, hoy soy esa Angélica que una vez pensé que era, pero reflejaba algo distinto. Hoy soy esa Angélica que me da orgullo, felicidad, me llena cada día de amor. Por eso esta Angélica ha querido regalarte de esta luz, esparcir en ti estas semillas para que vivas y sientas lo que yo estoy viviendo.

Angélica Puello

Mi corazón no quiere quedarse con esta bendición solo para mí; quiere esparcirla hacia ti y hacia todas las mujeres que necesitan renacer y florecer desde el amor de Dios, que es lo más grande y maravilloso que existe en el universo. Todo esto ha venido de Su palabra, por eso hoy quiero que grabes en el corazón esta máxima: la palabra de Dios es la semilla madre, la semilla poderosa, porque es esa semilla la que va a hacer que florezcas, que te renueves cada día por medio de cada libro que contiene, por medio de cada versículo que leas.

*"Porque el Señor da la sabiduría; conocimiento y ciencia brotan de sus labios"* **Proverbios 2:6 (PDT).** ¡Qué hermoso leer esto! Saber a dónde debemos ir, saber a dónde es que debemos buscar; este versículo es una guía, te está diciendo hacia dónde levantar tu mirada, hacia dónde dirigirte a partir de hoy.

Esta palabra te indica: "No te afanes ni te desgastes buscando en otros lugares, en otras personas, no necesitas eso. No te pierdas buscando en el mundo lo que yo te puedo dar, lo que estás buscando. Ten por seguro que tengo mucho más de lo que buscas, lo que tengo guardado para ti es más grande de lo que puedes imaginar; simplemente déjate sorprender, deja que yo actué y te muestre mis maravillas, desde mi sabiduría, desde mi conocimiento y desde mi ciencia; desde ahí te voy a mostrar todo lo demás".

Eso te lo está diciendo el Señor hoy, te está guiando, así me ha guiado a mí y yo solo me he dejado sorprender de Sus maravillas. He logrado entender que ante Él no soy nada, pero ante el mundo lo soy todo, la más hermosa, la más resplandeciente, la princesa hija del Rey del universo, y eso eres tú también.

En este punto del camino ya has logrado visualizarte y aceptarte así, porque en la semilla del amor propio empezamos a amarnos desde el amor inagotable de Dios. Entonces, desde hoy, deja de excavar en este mundo terrenal, de buscar como el ciego que no sabe para dónde va sin su bastón o sin un guía, y explora en lo profundo de tu corazón y en la Palabra de Dios todas esas promesas, ese conocimiento, esas palabras de esperanza y de amor que Él tiene guardadas para ti. Déjate sorprender, déjate guiar por Él y su Espíritu Consolador.

Hemos hablado de la Palabra de Dios y de la oración, estas dos deben ir unidas. Con la Palabra puedes orar, se te va a facilitar hacerlo, porque empezarás a orar desde las promesas consignadas allí; tu oración va a cambiar, te darás cuenta de que antes le orabas a Dios como si Él fuera el señor de los deseos, que cumple peticiones y hace magia, pero la sabiduría de la Palabra y del Espíritu te van a guiar hacia esa oración de contemplación, de agradecimiento, de promesas, de perdón, de amor, de fe y de esperanzas.

Quiero centrarme en la fe y en la esperanza, porque es necesario fortalecerse en la fe para continuar el camino y para vivir el proceso sin derrumbarse, ya que ningún proceso es fácil. Llegarán las pruebas, las batallas espirituales, las dudas, se irán personas y hasta podrás sentirte perdida, desubicada, pero todo se puede superar con la fe; si no hay fe, no hay esperanzas, no hay fuerzas para continuar.

La vida en la fe no se te va a volver más fácil, no se te van a resolver los problemas de un día para otro, no te vas a librar de las enfermedades ni de las pruebas; al contrario, llegarán pruebas más grandes y más dolorosas, pero las vas a superar porque tienes el conocimiento de cada promesa que Dios te ha regalado en Su Palabra, y esas promesas te van a ir fortaleciendo la fe; esa fe debe ser inquebrantable y fortalecida cada día por medio de la oración y la meditación de la Palabra.

Angélica Puello

También en este proceso vas a empezar a trabajar la paciencia, porque ahora que conoces tus promesas vas a querer recibirlas enseguida y Dios no trabaja de esa manera. Hay que entender que debemos esperar con fe en Su tiempo; Su tiempo es perfecto y es muy diferente al nuestro. Entonces, desde hoy te digo que le pidas a Dios que te ayude a trabajar la paciencia, esa paciencia espiritual que te guardará de la desesperación y te animará para que no quieras abandonar el proceso; esa paciencia que te va a permitir esperar que tu vida florezca.

Mientras eso sucede, disfruta el proceso, con los momentos buenos y los no tan buenos, porque sabes que esa promesa llegará, que ese regalo que has pedido se te concederá, que ese jardín florecido llegará a tu vida. Entre tanto, te vas a ir enamorando y vas a ir amando cada semilla, luego cada hoja que nazca, cada flor que aparezca en ese jardín, y así un día, sin darte cuenta, ese jardín estará lleno de esas flores, de esas plantas que te alegran y llenan la vida.

Desde hoy vas a trabajar en esa paciencia para que cuando lleguen las pruebas, los cambios drásticos que no esperabas, las críticas inmerecidas, la tragedia o esos golpes injustos, estés fortalecida. En tiempo de prueba podrás sentirte desesperada, tu mente te dirá que tus oraciones no han sido escuchadas ni contestadas y que las promesas se tardan, pero Dios ya te ha estado fortaleciendo en la fe y te ha ido nutriendo con esa paciencia que te permitirá superar la adversidad, te regalará la valentía que necesitas para perseverar en la fe. A pesar de que el camino se torne oscuro, lograrás ver esa luz resplandeciente, y será esa luz la que te guíe y acompañe hasta superar la oscuridad y las dificultades.

Durante años yo no veía esa luz, solo que la vida me golpeaba y me golpeaba, que únicamente me sucedía lo malo; hasta lo más absurdo e insignificante me parecía la tragedia más grande y pensaba que mi vida era solo desgracia y mala suerte; no lograba ver esa luz y esa esperanza en la fe. Hasta que un día mi hermana Sandra me dijo: "Dios está trabajando contigo la paciencia, pídele que te la regale, aprende a esperar y a confiar en Él".

Tuve que hacer un alto, revisar mi interior y efectivamente me di cuenta de que deseaba todo a mi manera, quería resolver a mi modo, no admitía las pruebas, deseaba lo perfecto y lo sonriente. Dios me fue mostrando que debía esperar en Su tiempo y confiar en Sus promesas; que nunca

Angélica Puello

una promesa suya era tardía, solo que llegaban en su momento.

Te confieso que llegué a reprochar la frase: "el tiempo de Dios es perfecto", porque en todas partes la veía y las personas me la repetían, pero yo estaba tan desesperada que solo quería una respuesta ya, no deseaba esperar, no quería descansar en Dios ni en Su Espíritu. Recuerdo que hasta le comenté a mi amiga María Teresa: "No quiero saber más de esa frase, la descarto de mi mente", se lo dije a ella porque estaba en iguales condiciones que yo; las dos nos encontrábamos desesperadas y cansadas de tantas pruebas y batallas que nos había tocado vivir.

Luego, al iniciar este nuevo caminar y esta vida desde la oración y la Palabra, volví a reencontrarme con esta frase y decidí atesorarla porque es la realidad; el tiempo de Dios es perfecto y él me lo ha confirmado infinitas veces.

La vida te trae batallas, pruebas duras, situaciones de angustia y desesperación, pero Dios sabe cuándo te va a compensar, cuándo va a llegar ese tiempo de gloria, de dicha, de luz. Yo hoy lo estoy viviendo, veo como Dios me fue preparando para recibirlo. Cada batalla que superé, cada prueba que pasé hizo parte de esa preparación, de ese moldeamiento que él estaba haciendo como buen alfarero que es. Yo le expreso a Él que es mi Gran Alfarero y yo esa vasija rota que convirtió de nuevo en barro para moldearla y moldearla a fin de formar una vasija nueva, radiante y hermosa.

Al escribir estas líneas se me hace un nudo en la garganta de la dicha y del gozo, porque sé que he pasado muchas pruebas, pero nunca estuve abandonada ni desamparada, porque yo misma rompí esa vasija, yo misma la agrieté con mis comportamientos y acciones, sin embargo, Él decidió por medio de Su perdón y de Su amor hacerme esa vasija nueva; eso para mí no tiene precio, no hay nada más grande y poderoso.

Hoy mi vida está llena de gozo, alegría y esperanza gracias a que un día decidí entregarme por completo a Dios y dejar que actuara en Su tiempo perfecto. Ahora amo esa frase; es que Él es en todo perfecto, y no hay mejor tiempo que el de Dios. Con Él nunca es muy tarde ni muy temprano, es justo ahora, es perfecto; con Dios yo estoy viviendo mi perfecto y eterno presente.

En mi perfecto y eterno presente puedo ver por qué tuve que pasar por ese proceso de años atrás para ser lo que

Angélica Puello

soy ahora; atravesé por el fuego para convertirme en esta joya tan hermosa, en esta corona de oro y plata, la más valiosa y la más resplandeciente.

Hoy doy gracias por cada instante de duda, de tristeza, de dolor, de frustración, de angustia, de tribulación, porque fueron esos tiempos los que me hicieron la mujer que soy; una mujer fuerte, valiente, soñadora, llena de luz y de esperanza, una mujer que solo piensa en el amor de Dios. Al estar en ese constante pensamiento me lleno de paz y logro poner toda mi confianza en el único que puede pelear todas las batallas por mí, ese es solo Dios.

Por eso hoy atesoro Sus promesas, Su vida, Sus tiempos, Su perfección, porque reconozco que yo soy imperfecta ante Él, que en este mundo terrenal el tiempo es diferente, pero en el mundo interno que he logrado visualizar, gracias a la oración y a la meditación de Su palabra, el tiempo es perfecto.

Hoy no lamento el pasado, hoy me alegro y lo agradezco. Tampoco me angustio ni me preocupo por el futuro, sé que Dios está guiando esta barca y me puedo quedar dormida porque estoy confiada en que Él la va conduciendo. Puede llegar la tormenta, pero Él me protege, me cuida y me

Angélica Puello

lleva por el trayecto seguro hacia ese futuro que ya está escrito en Su mano. Yo solo debo confiar, disfrutarme y gozarme este eterno presente.

Quiero compartir contigo una de las tantas pruebas de que Dios es el único que sabe por qué suceden las cosas. Como te conté, me crie sin mi papá, no lo conocí. Mi mamá Silvia se separó de él cuando yo estaba recién nacida. En el año 1999 nos enteramos de que el grupo armado llamado paramilitares había masacrado a toda la familia de mi papá, y entre los asesinados estaba él.

Confieso que en ese momento oré por él, sin conocerlo elevé mi oración de niña por ese hombre para que Dios tuviera misericordia. La verdad no recuerdo exactamente cómo fue mi oración, lo que sí sé es que la hice. Después de esa fecha decíamos a todos que él había muerto, para mí, mi papá había fallecido ese día.

En el año 2016 me escribió una joven por Facebook, me dijo que era prima mía y que mi papá quería conocerme. Yo, sorprendida, le respondí que él había muerto, pero ella me aseguró que no era así, que estaba vivo y quería comunicarse conmigo, por eso le había pedido buscarme en Facebook. Ahí empezó todo ese viaje. Yo le pedí una foto de él para mostrársela a mi mamá y ella confirmó su identidad. Entonces comencé a hablar con él por teléfono.

Luego de unos meses mi papá llegó a nuestra ciudad y lo conocí. Te soy sincera, el reencuentro fue normal, porque para mí era un extraño; nunca tuve ningún vínculo afectivo con él. En esos días él nos contó su historia, todo lo que vivió después de la masacre y cómo logró huir; estuvo casi un año en la selva como un nómada hasta que se encontró con unos señores que lo ayudaron. En fin, conocimos su hazaña de supervivencia.

Mi mamá nunca tuvo otro hombre en su vida, ella solo se dedicó a trabajar y a criarnos, entonces al verlo se volvió a enamorar; en realidad nunca dejó de amarlo. La relación de ellos era extraña porque él seguía en su finca que quedaba muy lejos de donde vive mi mamá e iba a visitarla una o dos veces al año, para mí eso no era una historia de amor. Al ver que mi mamá deseaba regresar con él yo cree resistencia, no quería saber nada de él y hasta dejé de hablarle por teléfono; cuando iba a visitar, yo era muy cortante y solo le daba el saludo como a cualquier visita extraña.

Ese año llegó una prueba grande y dolorosa a mi familia, a mi tía Libia, mi segunda mamá, le detectaron un cáncer muy avanzado. Mi mamá ha tenido que vivir este proceso junto con mi hermana; yo lo he vivido desde la distancia. Mi papá tenía más de un año de no venir a la ciudad, pero al ver la situación, que a mi mamá le ha tocado casi toda la carga sola, decidió quedarse con ella para acompañarla y ayudarla.

Ha sido él quien ha estado cuidando permanentemente de mi tía y de mi mamá; ayuda en los quehaceres de la casa, carga a mi tía, la lleva de aquí para allá porque ya no puede caminar, y es el soporte de mi mamá, esa compañía, ese hombro en quien ella puede apoyarse cada vez que lo necesita.

Entonces, ahora veo cómo Dios tenía su plan diseñado. Mi papá Rafael debía aparecer porque era el escogido por Él para que viviera esta prueba junto a mi mamá; Dios ya sabía que mi mamá Silvia y mi tía Libia no estarían solas, iban a tener a alguien que velara por ellas.

Acá donde estoy me siento más tranquila de saber que mi papá está allá, que mis dos mamás no están solas. Ahora, desde la fe y la sabiduría de Dios, puedo ver cómo su tiempo es perfecto, todo debió suceder tal cual como sucedió, sin nada que cambiar; mi papá debía estar en nuestras vidas en este nuestro perfecto y eterno presente.

Angélica Puello

Con este testimonio espero que recibas esperanza y paciencia para esperar en el tiempo de Dios, para confiar en las promesas de Dios, para creer en Su palabra, para aferrarte a ella, porque es en Su Palabra que vas a encontrar el entendimiento divino para todo lo que suceda en tu vida, y para que sueltes el pasado y no te afanes por tu futuro. Solo vive y disfruta tu eterno presente, es lo real y es lo que estás palpando con todos tus sentidos, con todo tu ser.

Déjate amar, déjate guiar, déjate moldear por el amor infinito, inagotable y extravagante de Dios. Empieza a florecer a través de Su amor y Su Palabra, así como lo dice este versículo con el cual quiero terminar esta hermosa semilla: *"La hierba se seca, la flor se marchita y se cae, pero la palabra de nuestro Dios vivirá para siempre."* Isaías 40:8 (PDT).

*"Confía en el Señor con todo tu corazón, y no te apoyes en tu propio entendimiento."*

*Proverbios 3:5 (LBLA).*

*"Y porque sois hijos, Dios ha enviado el Espíritu de su Hijo a nuestros corazones, clamando: ¡Abba! ¡Padre!"*

*Gálatas 4:6 (LBLA).*

Angélica Puello

*"Mas el fruto del Espíritu es amor, gozo, paz, paciencia, benignidad, bondad, fidelidad, mansedumbre, dominio propio; contra tales cosas no hay ley."* Gálatas 5:22-23 (LBLA).

*"Porque el SEÑOR da sabiduría, de su boca vienen el conocimiento y la inteligencia."*

Proverbios 2:6 (NBL).

*"Y habiendo esperado con paciencia, alcanzó la promesa."*

Hebreos 6:15 (RV60).

*"Por la mañana, Señor, escuchas mi clamor; por la mañana te presento mis ruegos, y quedo a la espera de tu respuesta."*

Salmos 5:3 (NVI).

*"Por eso les digo: Crean que ya han recibido todo lo que estén pidiendo en oración y lo obtendrán."*

Marcos 11:24 (NVI).

*"Ciertamente, la palabra de Dios es viva y poderosa, y más cortante que cualquier espada de dos filos. Penetra*

*hasta lo más profundo del alma y del espíritu, hasta la médula de los huesos, y juzga los pensamientos y las intenciones del corazón."*

*Hebreos 4:12 (NVI).*

*"Tu palabra es una lámpara a mis pies; es una luz en mi sendero."*

*Salmos 119:105 (NVI).*

*"Y me hizo sacar del pozo de la desesperación, del lodo cenagoso; puso mis pies sobre peña, y enderezó mis pasos."*

*Salmos 40:2 (RV60).*

*De mi cuaderno de promesas para ti:*

## Solo Dios sana un corazón herido

Es normal que cuando te hacen daño, cuando te hacen sentir poca cosa, cuando te hacen pedazos el corazón, te llenes de odio, de resentimiento. Incluso empiezas a creer que en realidad no vales nada, que no mereces estar en este mundo, que te ganaste lo que estás viviendo; caes en un pozo oscuro y profundo y no logras ver la salida.

Entonces, empiezas a hablar mal de esa persona, de tu boca solo salen palabras negativas, de odio, de resentimiento, expresiones hirientes; solo la quieres destruir en señal de venganza. Pero ¿esa actitud te alivia el corazón? ¿Te brinda paz? ¿Te regala luz? La respuesta es NO, al contrario, te haces más daño, llenas tu mente y tu cuerpo de ira y de odio.

Es aquí cuando te digo, nada ganas con buscar venganza, invierte esas energías trabajando en ti, en tu ser. Tu paz mental es lo importante, es la que te está pidiendo a gritos: "AYÚDAME, SÁNAME".

Comienza entregando esos sentimientos negativos y destructivos a Dios, no permitas que la ira te devore, solo Él puede sanarte. Cambia esas palabras de resentimiento que llegan a tu mente en palabras de bendición, de amor, de paz. Escríbelas y luego léelas en tu interior, y verás lo hermoso que es y cómo van cambiando tus sentimientos.

Pídele a Dios que sane tu corazón, entrégale esos trozos que has recogido para que Él te cree uno nuevo, conforme a Su voluntad, porque Dios es el único que hace nuevas todas las cosas. Él te puede renovar, Él puede transformar ese dolor en alegría, en amor, en ese amor propio que tanto necesitas. Si te amas a ti misma, te admiras, te alimentas de cosas positivas, nada ni nadie te podrá destruir nuevamente.

Vive el proceso, empieza con pequeños pasos, luego mirarás hacia atrás y te darás cuenta y quedarás sorprendido de todo lo que has avanzado.

*Tu cuaderno de promesas:*

Angélica Puello

Angélica Puello

# 7 SEMILLA DE LA GRATITUD

*"Den gracias a Dios en toda situación, porque esta es su voluntad para ustedes en Cristo Jesús."*

***1 Tesalonicenses 5:18 (NVI).***

Esta semilla es la continuación de la semilla seis, porque al adquirir esa espiritualidad, al tener esa conexión con el Espíritu y al reconocer que confiando en la Palabra de Dios y en Sus promesas estaremos salvas y seguras, podremos experimentar una vida en gratitud. Ya sabemos que la vida no es perfecta, que seguirá dándonos golpes y regalando pruebas por superar, pero ahora no estamos solas, ahora conocemos que hay un Dios que nos acompaña y nos sostiene siempre; por eso debemos vivir agradecidas.

El objetivo de esta semilla es incentivar a practicar el agradecimiento en todo momento, sin importar las circunstancias, como lo dice la Palabra en el versículo que acabas de leer: dar gracias en toda situación. Vamos a crear ese hábito de agradecer, que nuestra vida sea sinónimo de gratitud.

Angélica Puello

La mente está acostumbrada a buscar y detectar problemas, a reconocer lo que nos hace falta, pero como lo hemos experimentado durante todo este camino, le podemos cambiar ese enfoque, enseñarle a buscar y detectar las situaciones positivas, encontrar una enseñanza y una ganancia de esa situación no tan agradable que vivimos, ver en nuestro día a día esas pequeñas cosas que parecen insignificantes, pero son valiosas y nos pueden regalar una sonrisa, llenarnos de satisfacción y nutrir el espíritu solo con agradecer por esa circunstancia o acción por pequeña que sea.

Por eso en mi programa de coaching "FLORECER CON PROPÓSITO" te invito a que reconozcas primero que puedes fallar y segundo que abraces tus logros, que reconozcas tu vida como una victoria completa. La idea es que puedas percibir en esas fallas o errores o en ese incidente no tan agradable, algo positivo, que los puedas ver desde otra perspectiva, ¿qué enseñanza te dejó esa situación no tan agradable?, ¿qué lograste alcanzar a pesar de las circunstancias?

Al analizar y responderte estas preguntas, te darás cuenta de lo mucho que has ganado, de lo mucho que has aprendido, de lo mucho que has logrado, y es ahí donde puedes empezar este camino de vivir en actitud de gratitud, porque ya no verás las situaciones desde lo negativo, desde el problema como tal, sino desde la posible solución, desde la enseñanza, desde lo positivo para tu vida.

Ya has recorrido un proceso de sanación, de adquirir conciencia, de amarte y aceptarte, entonces ahora se te va a hacer más fácil practicar la gratitud todos los días. Ahora que estás leyendo tómate unos minutos para analizar, para pensar, si ya has empezado a agradecer inconscientemente, si estás floreciendo tanto que ya vives agradecida, de pronto no a cada instante, pero sí lo practicas poco a poco.

Analiza ahora: ¿Qué actitud estás tomando ante la vida? Después de meditar por unos minutos puedo expresar con convicción que te has ido transformando, que tu mente ha ido cambiando de enfoque: ya no ve todo desde lo negativo, logra ver desde lo positivo. Ya tu mente, tu corazón y tu espíritu reconocen que hay esperanzas y promesas que se cumplirán, que no todo está perdido, y que hay mucho por ganar, por llegar, y ahora tienes mucho por agradecer.

Esta etapa de tu vida, de mi vida, de nuestras vidas, es muy bonita, porque nuestra mente está trabajando de una forma diferente, estamos obteniendo esos resultados que visualizábamos al inicio del camino. Ahora vamos a pulirlo, a trabajar para que no agradezcas solo por momentos, solo cuando te acuerdes, sino en cada segundo que logres ver cada situación, cada persona, cada instante que pase frente a tus ojos y tus sentidos, como una bendición, como una razón importante y significativa para agradecer.

Lo importante es que logres ver tu vida como un milagro, el milagro más hermoso y más sublime que puedes recibir; todo lo que te sucede es un milagro, lo que ves es un milagro, lo que tocas y escuchas es un milagro, entonces, ¿te das cuenta de todo lo que tienes por agradecer?, ¿te das cuenta de que eres el milagro más hermoso que puede existir? Agradece desde hoy por tu milagro de amor.

Yo vivía en frecuencia negativa, en mi mente estaba que yo era la mujer con la suerte más mala del mundo, que era el mar muerto (por ser el mar más salado del mundo), que a mí me pasaba todo lo malo, que mi vida era un desafío, que me la pasaba entre obstáculos, pruebas y batallas, que a mí me llegaba todo muy diferente a como lo quería, y ya estaba cansada de tanta lucha.

Angélica Puello

En fin, para mí, mi vida era la más horrible de todas, la más desagradable, la más negativa. Al vivir con esos sentimientos y pensamientos, lo que ocasionaba era atraer situaciones no tan agradables, solo lo malo: amargura, enfermedad, escasez, insatisfacción, tristeza, angustia, desánimo, frustración, discusiones, en fin, nada bueno. Así vivía yo, y así has logrado ver en todo este libro como lo que me sucedía, yo misma lo atraía, porque mi mente estaba enfocada en lo malo; según ella, en mí y en mi vida no había nada bueno, nada por lo cual alegrarme, nada por lo cual sonreír y agradecer.

No deseo profundizar más en lo negativo, pero si quiero decirte que la vida cambia cuando tú le cambias ese enfoque a tu mente y a tus pensamientos. En estos últimos meses he experimentado tanto amor, abundancia, alegrías, sorpresas, tantos milagros, que me he quedado sorprendida. He llorado de felicidad por ver cómo la vida me sonríe, cómo se están abriendo las puertas para todo lo que he pedido, me he trazado, he ido soñando, y ha sido solo por el cambio de actitud.

Un día decidí cambiar la queja por el agradecimiento, apreciar el paisaje, disfrutar el proceso, saborearme el camino

Angélica Puello

de la vida con el mayor de los gustos, como si me estuviera comiendo mi plato preferido, así tal cual, decidí vivir el día a día y no me arrepiento.

Siguen llegando los problemas, siguen llegando las circunstancias no tan agradables, pero hoy las veo con otros ojos, hoy las puedo poner en frente de mí y decirles: "tú eres pasajero, tú tienes solución, con angustiarme o desesperarme, o tal vez quejarme, no lograré nada, te doy gracias por llegar a mi vida y desde ya agradezco porque sé que más adelante estaré celebrando que pude superarte", y así ha sido.

La vida me ha ido enseñando que solo con vivir desde esa otra perspectiva, ella puede ser bonita, ella se puede sentir sabrosa, ella puede recorrerse como un libro con muchas páginas, muchas historias, muchos instantes que van quedando registrados y dejan una enseñanza. Un libro que al leerlo te va a inundar de los más bellos sentimientos, porque te darás cuenta de lo fuerte y valiente que eres, y también de lo amorosa que has sido contigo misma al permitirte sentir, vivir y experimentar cada momento por lo que es, pero a través del amor, la paciencia y la gratitud.

En la semilla del amor propio hablamos de orar con gratitud cada mañana, y te comenté que, al hacerlo, mi actitud era diferente durante el resto del día. Ahora quiero adicionar que al crear ese hábito he notado que mi oración ha cambiado sustancialmente, cada día tengo mucho más por agradecer, cada día aprecio más mi vida y a los seres que me rodean, y al recorrer las oraciones que he escrito en mi libreta, las primeras son muy diferentes a las actuales, cada día se les siente más el amor, la esperanza y la paz. En fin, me he dado cuenta de que este hábito es muy poderoso porque ha ido activando sorprendentemente mi mente a una frecuencia positiva.

Si a estas alturas no has decidido escribir tus oraciones y en especial esa oración de agradecimiento, te llegó la hora, empieza hoy, te darás cuenta de cómo te va fluyendo la vida.

Quiero agregar algo más. En la noche, escribe en esa libreta cinco cosas que te hayan sucedido durante el día por las cuales agradeces; te darás cuenta de lo bonito que fue tu día. Tal vez llegaste cansada, agotada de tu trabajo o te llegó una noticia desagradable, pero esas pequeñas cinco situaciones por las que estás agradeciendo te van a ayudar a calmar el estrés, el cansancio, el agotamiento o van a hacer que esa noticia no tan agradable se vea un poco más pequeña.

Angélica Puello

Te dormirás un poco más relajada y podrás tener un mejor descanso porque estás terminando tu día con pensamientos positivos, de gratitud, no de queja ni mucho menos de estrés. Al escribir todos los días por qué estoy agradecida, le estoy enseñando a mi mente ese buen hábito, la estoy educando para que piense en positivo, para que vea la vida y lo que está sucediendo desde la perspectiva de la gratitud, desde los ojos del amor, y el amor es eso: todo lo bonito, todo lo bueno, todo lo agradable.

Cuando repites la palabra amor, a tu mente solo vienen recuerdos, palabras o imagines agradables, hermosas. Así vamos a empezar a enseñar nuestra mente, que todo lo vea como la palabra amor, y eso lo logramos desde la gratitud.

El hábito de la gratitud también te ayuda a desarrollar tus habilidades para superar las adversidades. Ya hiciste el ejercicio de preguntarte qué enseñanzas te dejaron ciertas experiencias no tan agradables, ahora las puedes ver desde otra perspectiva, porque logras reconocer lo positivo aún en medio de la adversidad, porque ahora eres más consciente de tus habilidades y éxitos pasados, y entonces te sientes capaz de superar los obstáculos que van apareciendo y ves en cada uno de ellos enseñanzas y aprendizajes.

Angélica Puello

Por ejemplo, descubrí que cuando una persona se me acercaba para contarme cierto problema o situación, yo me centraba en el problema en sí y hacía preguntas que a la final no ayudaban a encontrar una solución, al contrario, llevaban más al fondo del problema, y hasta la persona se sentía peor de cómo llegó.

Ahora siento que le doy un enfoque diferente. Escucho el problema y enseguida pienso cuál sería la posible solución, y si no puedo verla, inmediatamente se me viene a la mente que ese problema le va a dejar una enseñanza y una experiencia a esa persona, entonces ahí mi perspectiva cambia.

Así puedo guiar a la persona a encontrar la solución, y si no es fácil identificarla, porque no tengo la solución para todo, la ayudo a que vea el problema desde otro enfoque. De inmediato noto que la actitud cambia, la persona se siente esperanzada y hasta ella misma descubre la solución o se acuerda de algo similar y se siente más centrada. ¿Cuál fue la diferencia? Solo el cambio de perspectiva: no me centré en lo negativo, me enfoqué en lo positivo, y es lo único.

Angélica Puello

Así es todo en la vida, nosotras mismas nos dejamos hundir por los pensamientos, nos dejamos dominar por la mente, pero ahora ya sabemos que contamos con herramientas que nos permiten trabajarla, que nos ayudan a mejorar nuestra vida y ya es hora de utilizarlas.

*"Porque en otro tiempo erais tinieblas, mas ahora sois luz en el Señor; andad como hijos de luz." Efesios 5:8 (RV60).* Como dice este versículo, así es la vida de la persona que no logra ver con ojos de agradecimiento, con ojos de amor; todo lo ve en tinieblas, todo lo ve oscuro. Así me veía yo, me sentía en un pozo oscuro y profundo, y no podía ver esa luz; pero ahora que aprecio mi paisaje, aprecio mi vida, vivo en la luz, en la luz del amor, de la gratitud, porque yo soy una hija de luz, yo soy luz, una luz radiante que brilla ante el mundo, que brilla para los demás y no para deslumbrar, sino para alumbrar, para iluminarte a ti también, y regalarte de esa misma luz.

Todo este proceso me ha permitido sacar esa luz que tenía escondida en lo más profundo de mi ser. Mis pensamientos negativos y de queja fueron los causantes de ocultar mi luz, pero no pudieron apagarla, ella logró conservarse, aunque estuviera escondida, aunque todos los días trataran de extinguirla, ella logró salir victoriosa. Hoy tengo esa luz en todo mi ser, me siento una mujer resplandeciente, una mujer que brilla gracias al amor y a lo agradecida que soy con mi vida, con mi transformación.

Cada vez que me abrazo, cada vez que me felicito por el pequeño paso que di, cada vez que me aplaudo por la meta que alcancé, cada vez que me permito soñar y amar desde el corazón, desde mi espíritu, cada vez que me perdono, cada vez que me sonrío frente al espejo, cada vez que regalo una palabra o un mensaje de aliento, de paz y esperanza a otra persona, en cada una de esas circunstancias mi luz brilla más, mi luz se vuelve más resplandeciente.

Cada palabra que has leído en este libro lleva mi luz, te quiere regalar y contagiar de esa luz para que encuentres la tuya. La tuya no está apagada, la tuya no se ha extinguido, solo está escondida en lo más profundo de tu ser.

Si has vivido este libro y has seguido cada recomendación, cada palabra, estoy segura de que has encontrado tu luz. Tengo la convicción de que ahora te ves como esa mujer resplandeciente, esa mujer que se merece solo lo mejor, que no se conforma con lo poco, que ya hoy no permite que nada ni nadie apague esa luz, apague esos sueños,

Angélica Puello

apague esa sonrisa, apague ese amor que brota por todo su ser.

Al ser consciente de lo que eres como mujer, al perdonarte, al amarte sin condiciones, al ser valiente y amar a los demás desde tu espíritu, o alejarte del que quería apagarte, al permitirte soñar, al conectar tu mente con tu espíritu y tu corazón, al agradecer todos los días; en cada una de esas nuevas oportunidades que te has empezado a dar, has estado encendiendo tu luz, has iluminado tu vida. Esa luz que está en tu interior es tu esencia, es lo que te caracteriza, es eso lo que te hace diferente de los demás, lo que te hace ver como una mujer especial, única, valiosa, capaz y extraordinaria.

Al escribir estas palabras yo me siento feliz, sonrío, me lleno de alegría porque sé que antes no podía reconocer nada de eso en mí y ahora lo veo con total claridad, me lo repito con total convicción. Por eso hoy te lo regalo a ti, porque yo no me puedo quedar con lo que estoy viviendo, yo no puedo ser egoísta; siento la necesidad en mi corazón de compartir de mi luz, de mi felicidad y de mi gozo contigo.

Y lo hago porque sé que te lo mereces, que eres hija del mismo Dios que yo, que eres una corona inquebrantable, hecha con el oro más puro, y el Creador ha incrustado en ti las

Angélica Puello

perlas, los diamantes, las piedras más preciosas para adornarte, para que brilles con naturalidad, desde tu ser, desde tu espíritu.

Mi gran anhelo es verte brillar siempre, es verte florecida todo el tiempo, porque sé que, con nuestra luz, nuestras flores y nuestras sonrisas podemos iluminar al mundo, podemos iluminar a otras mujeres que se encuentran perdidas en sus tristezas, en sus afanes, en su mundo oscuro. Tú y yo ya sabemos que esas mujeres pueden salir de ahí, que también tienen esa luz, que también pueden brillar, que ellas también pueden florecer. *"Y serás corona de gloria en la mano de Jehová, y diadema de reino en la mano del Dios tuyo." Isaías 62:3 (RV60).*

Quiero invitarte desde mi corazón, desde mi espíritu, para que regales de esa luz y de esas flores al mundo, para que esparzas semillas de amor, paz, perdón, valentía, sueños, espíritu y gratitud a los demás. Hoy contempla todo lo que has vivido, hoy admira tu vida con total gratitud, con total agrado y amor, y al apreciarla de esa manera, el gozo y la felicidad será tan grande que tú mismo ser te pedirá que compartas, que no te quedes con eso tan bonito y mágico, que empieces a esparcir, a regar el terreno, tu entorno, tu casa, tu mundo.

Angélica Puello

Yo imagino un mundo lleno de amor, un mundo de mujeres florecidas, de mujeres que vivamos desde el amor, sin críticas, sin juicios, sin temor a fallar, sin temor a ser juzgadas, sin temor a fracasar, sin temor a sentirse avergonzadas ante la sociedad; solo mujeres que pueden ver lo extraordinarias que son las demás, que aprecien que no hay unas más bonitas ni más feas, sino que todas somos iguales de hermosas, que todas debemos sentirnos seguras de expresarnos, de vivir libremente, sin prejuicios.

Imagino esa reunión de amigas donde ninguna se sienta insegura de sí misma, ninguna quiera taparse o esconderse, ninguna tenga miedo de expresar si se siente triste, si siente que algo no está bien en ella, al contrario, que sienta que está en su lugar seguro y pueda sacar lo que lleva dentro. Que ese encuentro termine en abrazos sinceros, sonrisas y cada una pueda agradecer por la vida de la otra.

Este es mi gran sueño, que nos convirtamos en mujeres de luz radiante, que regalemos solo flores hermosas a las otras mujeres, que nuestra mente, nuestro espíritu, todo nuestro ser, sea ese jardín florecido, lleno de vida, de color, con los mejores aromas, con la luz más resplandeciente; que ese jardín tenga esa tierra fértil y pueda dar muchos frutos, que todos

Angélica Puello

quieran contemplar y apreciar ese jardín porque es lo más hermoso que han podido ver sus ojos, lo más extraordinario.

Ahora mismo mi mente está volando, mi imaginación está llena de amor, de paz, de gratitud, porque solo puedo ver cosas hermosas. Hoy puedo decirte que ya estoy empezando a crear ese mundo porque mi programa "Semillas Para Florecer el Jardín de tu Mente", ya está dando frutos. Ya somos varias mujeres florecidas y empoderadas las que pertenecemos a esa comunidad, donde nos apoyamos, compartimos ideas, encubamos emprendimientos, todo desde un propósito puro, un propósito integral, que busca impactar positivamente al mundo; un espacio donde nos celebramos cada paso que damos, cada acción que tomamos.

Esta comunidad ha sido una bendición porque ya está dando sus frutos, en ese lugar seguro y florecido solo se transmite una energía de amor, de gratitud, de sueños, la energía de la acción. Por eso yo sigo enormemente agradecida, porque aún antes de que mi libro saliera a la venta, ya estaba dando sus frutos. Sé y estoy segura de que todo esto viene de Dios, que Dios es quien respalda todos mis proyectos.

Hubo un tiempo en el que no me agradaba que me dijeran que yo era dulce, o era amor; no me gustaba que me vieran como esa mujer gordita, amorosa y tierna, porque para mí eso era sinónimo de debilidad, o creía que me lo decían por lástima. Pero ahora lo veo diferente, logré ver que es un privilegio que te vean como esa mujer llena de amor, que mira con ojos de amor, que transmite paz, luz e inspira.

Hoy me siento privilegiada de que me vean como esa mujer que transmite amor, de ser esa mujer florecida en medio de un mundo que está lleno de oscuridad, donde las personas cada día son más egoístas, donde cada día hay más odio, resentimiento y cada quien se encierra en sí mismo, en su soledad, en sus tristezas.

Por eso hoy puede ver la necesidad del mundo, y es que te necesita a ti y a mí para que esparzamos estas semillas, para que regalemos de esta luz. El mundo requiere que lo iluminemos, que lo llenemos de flores hermosas; cada flor es una mujer que logra amarse a sí misma, que logra perdonarse, que logra verse con ojos de amor y gratitud.

Tú y yo ya somos dos, y sé que seremos miles, porque lo que se hace con el corazón, lo que se hace desde el espíritu, lo que se hace desde una intención limpia y pura, da sus frutos, y esos frutos son abundantes. ¡Vamos a florecer juntas, vamos a florecer más vidas, vamos a florecer el mundo juntas!

Angélica Puello

*"No se inquieten por nada; más bien, en toda ocasión, con oración y ruego, presenten sus peticiones a Dios y denle gracias. Y la paz de Dios, que sobrepasa todo entendimiento, cuidará sus corazones y sus pensamientos en Cristo Jesús."*

*Filipenses 4:6-7 (NVI).*

*"Y todo lo que hagan, de palabra o de obra, háganlo en el nombre del Señor Jesús, dando gracias a Dios el Padre por medio de él."*

*Colosenses 3:17.*

*"Así perseverarán con paciencia en toda situación, dando gracias con alegría al Padre. Él los ha facultado para participar de la herencia de los santos en el reino de la luz. Él nos libró del dominio de la oscuridad y nos trasladó al reino de su amado Hijo, en quien tenemos redención, el perdón de pecados."*

*Colosenses 1:11b-14.*

*"Quien me ofrece su gratitud, me honra; al que enmiende su conducta le mostraré mi salvación."*

*Salmo 50:23.*

Angélica Puello

> *"¡Ofrece a Dios tu gratitud, cumple tus promesas al Altísimo!"*
>
> *Salmo 50:14.*

> *"Florecerá en sus días justicia, y muchedumbre de paz, hasta que no haya luna".*
>
> *Salmos 72:7.*

> *"Irá andando y llorando el que lleva la preciosa semilla; más volverá a venir con regocijo, trayendo sus gavillas."*
>
> *Salmos 126:5.*

---
*De mi cuaderno de promesas para ti:*

---

# Regalar luz o regalar oscuridad

Sin darte cuenta te rodeaste de insensatos, de esas personas que solo piensan en sí mismas, egoístas, llenas de hipocresía, que solo tienen ojos para ver los errores de los demás, pero son ciegos para reconocer los propios; su boca solo está dispuesta a expresar palabras negativas y burlas ofensivas, sus brazos solo saben señalar y se niegan a regalar un abrazo o un consuelo; no valoran a un amigo y, por lo tanto, no conocen el valor de la amistad.

Cuando te viste sumergido en ese mundo tu corazón se estaba endureciendo, se estaba apagando la llama del amor hacia los demás, esas ganas de ayudar al otro sin esperar nada a cambio. Tú estabas adaptándote a ese mundo, estabas sepultando tu ser, apagando tu luz, te estabas poniendo una armadura para no hacerte más daño, porque al ser diferente era fácil que te lastimaran, que se aprovecharan de ti, hasta que cayeras en esas burlas. Por eso optaste en endurecer tu alma.

¿Cómo es posible que tuvieras que cambiar para encajar en una sociedad tan sucia? Esa pregunta llegó a ti un día que te encontrabas cansado, enfurecido y triste con los demás y contigo. ¿Qué beneficios te ha regalado esa nueva versión? Lamentablemente la respuesta fue: ninguno. No eras feliz, debías actuar todos los días para ser aceptado, debías ponerte esa máscara al salir de tu casa y olvidarte de quién eras en realidad, de tus principios y valores, de esa esencia que es única en ti.

Angélica Puello

Debía llegar el momento de hacer un alto en el camino, no tenías que renunciar a tu verdadero ser por nadie, mucho menos por seres que no saben valorar la vida misma. Tú debes ser más fuerte, el amor que recorre tus venas debe ser más poderoso, tu luz debe brillar más, resplandecer en el lugar donde te encuentres. Tú debes ser enseñanza viva para los demás.

Y así sucedió, te llenaste de valor, rompiste esa armadura, te quitaste esa máscara y mostraste tu verdadera esencia, empezaste a vivir tus días de acuerdo a lo que tu corazón y tu conciencia te guiaban. Y de nuevo, sin darte cuenta, comenzaste a ser luz para esas personas, a valorar a quienes tenías a tu alrededor y ellas empezaron a expresar palabras de gratitud y amor. Ese mundo oscuro empezaba a tener color y solo gracias a tu ejemplo y valentía, porque decidiste defender el amor, la empatía y la amabilidad; decidiste ser luz y un ser de paz dentro de un mundo lleno de odios, conflictos y oscuridad.

---

*¡Seamos seres de luz! Que el amor reine en nuestras vidas y en nuestro mundo*

---

Angélica Puello

# Somos iguales, pero diferentes desde el interior

Siempre nos dicen que en este mundo todos somos iguales, y es así, todos merecemos el mismo respeto, amor, ser escuchados y valorados. Pero ¿qué es lo que nos hace diferentes? Nos diferencia nuestra forma de ser, nuestra esencia, cómo vemos la vida, cómo actuamos en ella. Muy a pesar de que sabemos de nuestra igualdad como seres humanos, a veces se nos olvida respetar a los demás, valorar a la otra persona por lo que es y no por lo que posee. ¿De qué te sirve poseer muchas riquezas si tu corazón se encuentra vacío? O peor aún, ¿si se encuentra lleno de odios, rencores y amarguras?

Lo que nos hace ver diferentes son nuestras acciones, viajar por la vida con una sonrisa, trabajar con pasión, siendo un buen hijo, esposo, hermano, amigo y padre, valorar la familia, actuando con valores y principios. No es fácil, pero debemos trabajar día a día para perfeccionarme, para ofrecer lo mejor de nosotros a este mundo, para construir y no destruir.

Angélica Puello

Eso es lo que nos hace diferentes, esas ganas de luchar y trabajar para ser mejores cada día. A pesar de nuestros problemas, de nuestros dilemas internos, debemos seguir dándola toda, recargando nuestras fuerzas, motivándonos día a día para no caer, para seguir de pies y aportar nuestro grano de arena para conseguir la paz en este mundo que está inmerso en tantas guerras.

**¿Cómo ven tus ojos?**

La vida es un paisaje hermoso, siempre nos regala retratos maravillosos, está en ti decidir cómo quieres observarlos. Puedes escoger entre los ojos que todo lo ven gris, oscuro y sombrío o los que ven con los diferentes tonos de colores, llenos de luz y brillo. Todos tenemos el mismo paisaje por apreciar, por disfrutar, el mismo camino que recorrer, la diferencia es cómo decides apreciarlo.

Decide hoy disfrutar los colores, deléitate en las maravillas que te ofrece este mundo. Sé que a veces llegan esos días cuando nos atrapan los problemas, las tristezas, las pérdidas, pero en esas situaciones también hay un propósito. Siempre podemos decidir si quedarnos con los tonos grises o salir a descubrir los diferentes matices que la vida y el camino nos regala.

Angélica Puello

*¡Aprecia el paisaje!*

*Dibuja un arcoíris en tu mente*

Angélica Puello

## *Tu cuaderno de promesas:*

Angélica Puello

# BIBLIOGRAFÍA

Aesthesis Psicólogos, mayo 04 de 2017. *La Importancia de Tener Amigos*

https://www.psicologosmadridcapital.com/blog/importancia-tener-amigos/

Baptist Health, mayo 31 de 2018, *La espiritualidad y la salud mental: Tratando la mente, el cuerpo y el espíritu.* https://baptisthealth.net/es/baptist-health-news/spirituality-and-mental-health-treating-mind-body-and-spirit

Claudia Pradas Gallardo, (noviembre 26 2008) *Conflictos familiares: ejemplos y soluciones*

https://www.psicologia-online.com/conflictos-familiares-ejemplos-y-soluciones-4253.html

David Robson, agosto 28 de 2020, *La estrategia mental que puede transformar los sueños en realidad.* https://www.bbc.com/mundo/vert-cap-53932489

Sapain Labs, junio 25 de 2020, *Lograr nuestras metas y sueños depende de nuestro impulso y motivación.* https://sapienlabs.org/blog-es/lograr-nuestras-metas-y-suenos-depende-de-nuestro-impulso-y-motivacion/

Angélica Puello

*Contáctame para recibir información sobre mi programa*

## *"Florecer con Propósito"*

wa.link/2m3wc

Angélica Puello

Angélica Puello

Made in the USA
Middletown, DE
07 November 2024